はじめに

～介護保険サービスにおけるマネジメントシステムの導入の提案～

　本書は、厚生労働省老人保健健康増進等事業「介護保険制度におけるサービスの質の評価に関する調査研究事業（平成29年度）」「介護保険サービスにおけるマネジメントシステムの導入によるサービスの質の評価に係る調査研究事業（平成30年度）」として実施されてきた「介護サービスの質」に関する数年間に渡る調査・検討を踏まえた成果物です。

　介護サービスの質の向上は、利用者にとってはもちろんのこと、介護保険事業を指導・監督する立場の保険者や国においても、またサービスを提供する事業者にとっても共通の目標です。

　これまでの長い期間にわたる検討で明らかになったことは、多くの事業者が、良いサービスを提供したいという強い想いを抱いて、事業に取り組まれているということです。

　一方で、介護保険サービスの質を検討した際には、関係者、専門家、事業者のなかにあっても、必ずしも同じイメージを共有しがたいという現実もあります。これは医療と大きく異なる点ではないでしょうか。医療においては、サービスの利用者（患者）と提供者（医療）の双方において、病気をなおす、退院する、という明確なゴールが共有されています。しかしながら、介護サービスにおいては、高齢者が心身の様々な機能の低下、喪失と伴に生きるという状況があり、医療のように短期的なゴール設定はできません。生活の困難と伴にある利用者が、自立した生活へと向かうために、様々な工夫が現場ではなされています。このようにして提供される介護サービスには、経験上から生み出されたものや、利用者の実情に合わせて工夫された取り組みなどが多々あり、「良いサービス」を一律に定義し、サービス内容を標準化することは現時点では極めて困難です。

　このような議論を踏まえて、本検討委員会の方針として、良いサービスを定義するのではなく、各事業者が何を良いサービスとして考え、実施するのかが明確にされ、提供するサービスがどのように担保されているのか、またそのことについて利用者や監督者にどのように周知されているのか、といったことが重要との結論に至りました。このような考え方は社会に広く普及している「サービス品質の保証の仕組み」そのものであります。

　そこで、介護サービスの品質保証のための手法として、マネジメントシステムの導入を提案します。マネジメントシステムとは、品質やサービスの質を担保するため、またそのために組織がとりくむ規範として、工業、環境、安全衛生、医療といった様々な分野で導入されている手法です。介護サービスの質の議論においてはプロセス、構造、アウトカム評価が重要との認識が広く関係者に浸透しています。マネジメントシステムは、まさにプロセスの評価に当たります。

　事業者の想い・理念が具体的なサービスとして提供される際に、利用者が適切に選べ（開示）、監督者が品質を評価でき（監査）、さらに事業者自身が安定した品質のサービスを提供できる（内部教育）といった効果が介護サービスにマネジメントシステムを導入することで期待されます。

　本書が、介護サービスの質の向上の一助になることを願っています。

産業医科大学　藤野　善久

目次

事例から学ぼう

本書は、平成29年度老人保健健康増進等事業「介護保険制度におけるサービスの質の評価に関する調査研究事業」（以下、平成29年度事業）、ならびに平成30年度老人保健健康増進等事業「介護保険サービスにおけるマネジメントシステムの導入によるサービスの質の評価に係る調査研究事業」（以下、平成30年度事業）を基に作成しました。

介護保険施設における マネジメントシステム 導入の全体像

ここではマネジメントシステムの意義、導入の基本的
な流れ、マネジメントシステム導入に不可欠となる一
次文書案をご紹介します。

1 介護保険施設における マネジメントシステム導入のねらい・目的

I.マネジメントシステム導入による介護保険サービスの質の向上に向けて

● 団塊の世代が75歳以上となる2025年に向けて地域包括ケアシステムの構築が推進される中、持続可能な介護保険制度の実現に向け、より効果的・効率的な介護保険サービスの提供を実現する必要があります。

● 事業運営上の観点からも、介護保険サービスの質の向上の観点からも、各法人の理念・基本方針に基づくサービスの提供が求められています。

図表 1　地域包括ケアシステムの姿

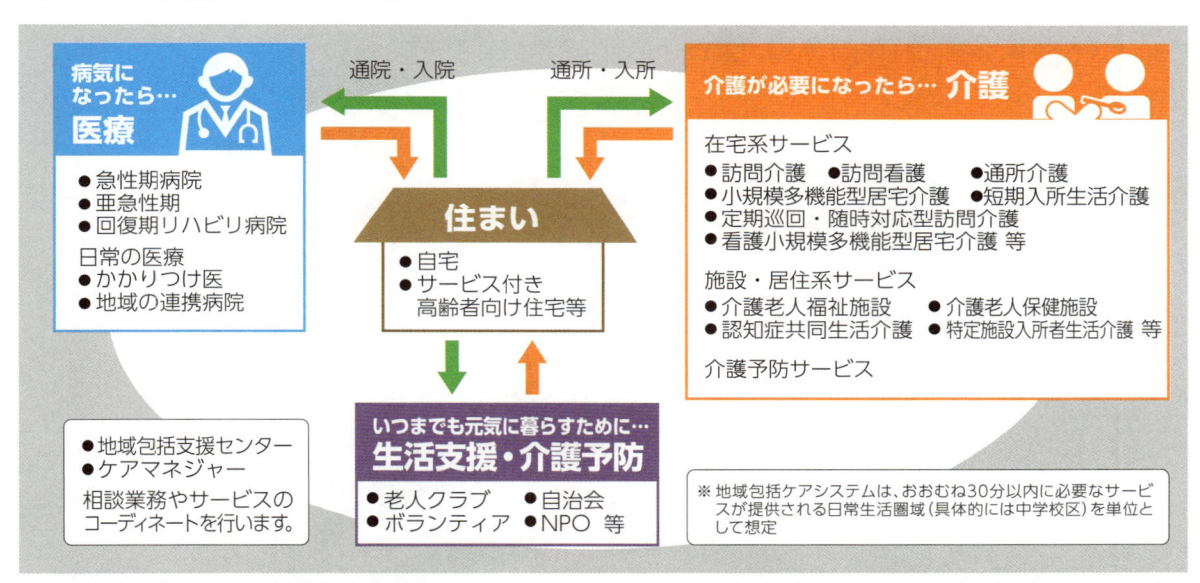

(出所)「地域包括ケアシステム」(厚生労働省) (https://www.mhlw.go.jp/stf/seisakunitsuite/bunya/hukushi_kaigo/kaigo_koureisha/chiiki-houkatsu/)を基に株式会社三菱総合研究所作成

● 介護保険サービスの質の確保にあたっては、介護保険制度施行以降、介護保険施設・事業所の指定基準の策定、実地指導・監査の実施といったストラクチャーの観点からの取り組みや、ストラクチャー・プロセス・アウトカム評価に関する介護報酬上の対応(各種加算の創設)がされてきました。一方で、サービス提供のプロセス管理に有効な手法については示されてこなかった経緯があります。

● 本書は、サービス提供のプロセス管理の手法の1つであるマネジメントシステムについて紹介します。

● マネジメントシステムとは、方針及び目標を定め、それらを達成するために組織を適切に管理・維持し、改善するための仕組みのことです。

● 先行してマネジメントシステムを導入している施設からは、マネジメントシステムを導入したことにより、「業務の可視化」「サービスの標準化」「人材育成」「事故防止」等のメリットを得ることができたとする報告があります。また、これらはサービスの質の向上につながり、利用者・家族及び職員の満足度向上、ひいては介護業界全体のボトムアップにもつながることが示唆されています。

- 経営者にとっても、利用者・家族及び職員の満足度が高まることにより、結果として地域から選ばれる施設となり、経営の安定化も期待できます。

- 本書をヒントに、介護保険サービスの関係者それぞれがメリットを得られる仕組みであるマネジメントシステムを導入し、質の高いサービスの実現につなげましょう。

図表 2　マネジメントシステム導入のメリット

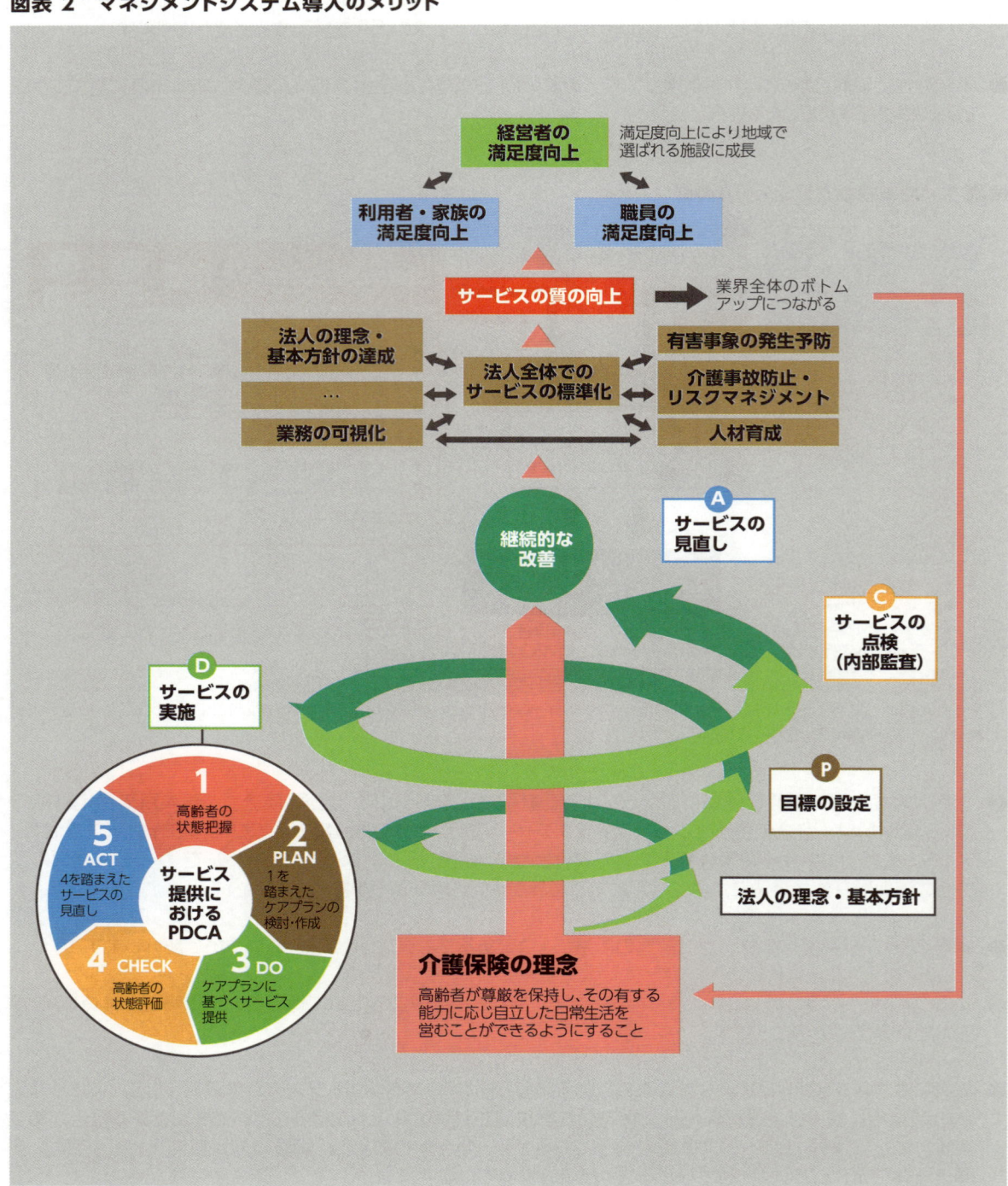

II.介護保険施設におけるマネジメントシステムとは

● マネジメントシステムとは、方針及び目標を定め、それらを達成するために組織を適切に管理・維持し、改善するための仕組みのことです。

● マネジメントシステムの一例としてISOが挙げられます。本書ではISOの概念を参考にしつつ、「方針及び目標を定め、それらを達成するために組織を適切に管理・維持し、改善するための仕組み」であるマネジメントシステムを介護保険施設にどのように導入していくか、その考え方について紹介していきます。

〜ISOとは〜

● ISOとは、スイスのジュネーブに本部を置く非政府機関 International Organization for Standardization(国際標準化機構)の略称です。

● 製品そのものではなく、組織の品質活動や環境活動を管理するための仕組み(マネジメントシステム)についてもISO規格が制定されています。

● これらは「マネジメントシステム規格」と呼ばれ、品質マネジメントシステム(ISO 9001)や環境マネジメントシステム(ISO 14001)などの規格が該当します。

(出所)一般社団法人日本品質保証機構ホームページ(https://www.jqa.jp/service_list/management/management_system/)
(閲覧日:令和元年5月13日)

図表 3　ISO9001に基づく品質向上活動の例

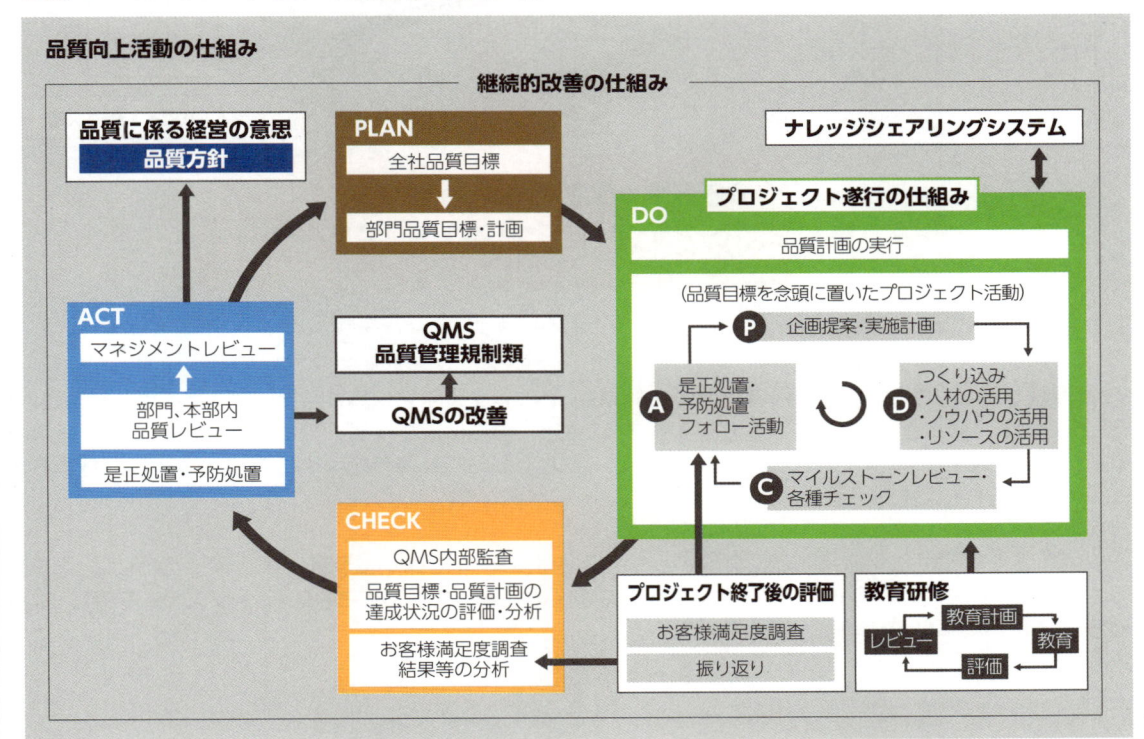

(出所)株式会社三菱総合研究所における品質向上活動に関する資料

● マネジメントシステムの仕組みを介護保険サービス提供の視点で捉える際には、法人全体のPDCAとサービス提供における2つのPDCAサイクルを念頭に置く必要があります。

図表 4　法人全体のPDCAとサービス提供における2つのPDCAサイクル

※ マネジメントシステムは、サービス提供におけるPDCAを内包する法人全体のPDCAのことを言います。
※ 介護のサービス提供の現場では、通常、ケアプランを作成し、その内容に基づいてサービスを提供し、結果をモニタリングした上で状況に応じてケアプランを見直す等というケアマネジメントが実施されています（サービス提供におけるPDCA）。
※ 法人全体のPDCAとは、このサービス提供におけるPDCAを「法人の理念・基本方針」といった共通の目的の下で一体的に回すことで、組織としての継続的な改善を積み重ね、法人全体のサービスの質の向上を可能にするものです。

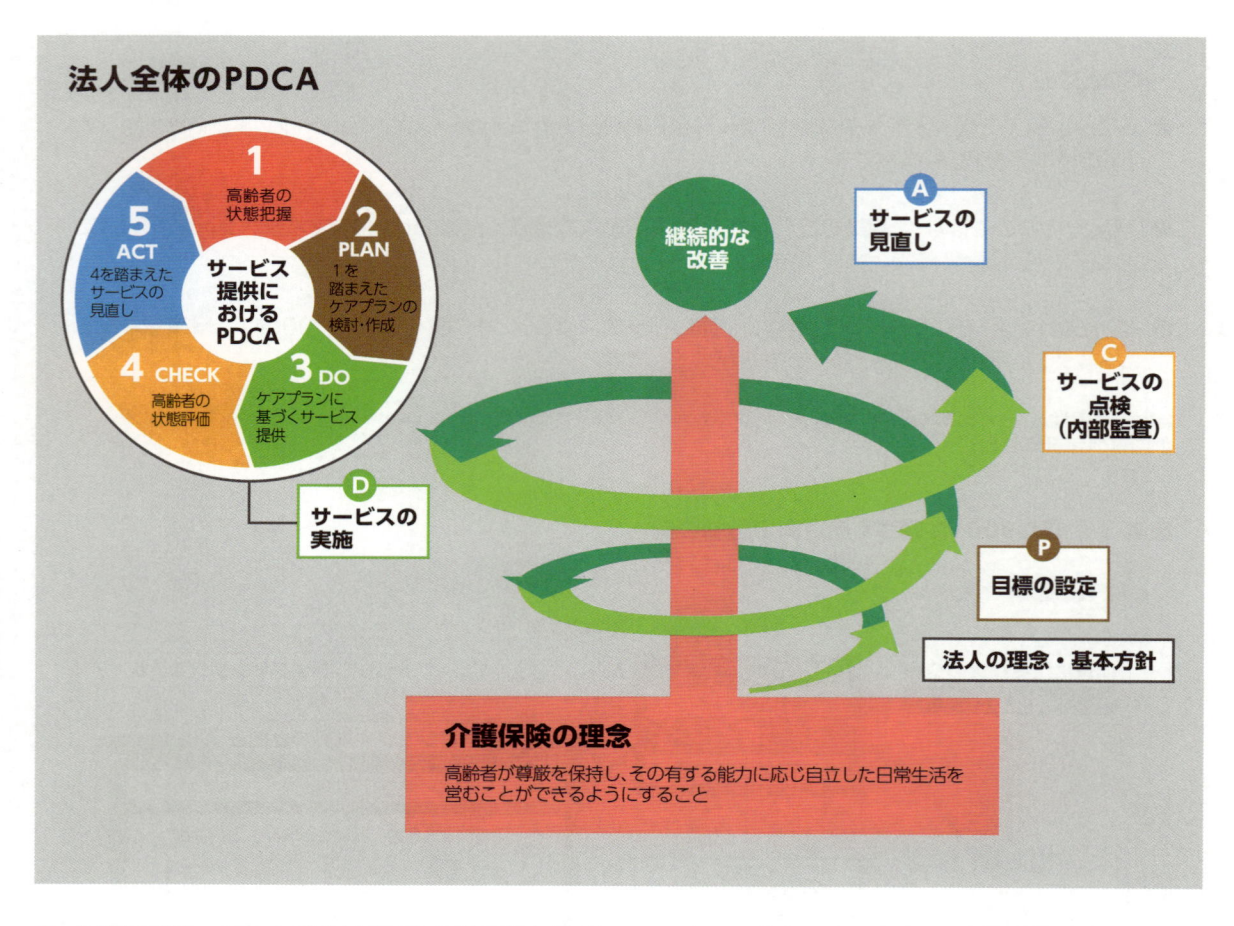

● 介護保険サービスの理念は「高齢者が尊厳を保持し、その有する能力に応じ自立した日常生活を営むことができるようにすること」です。この理念を実現するために、介護保険サービスの提供現場においては通常、その法人としての「理念・基本方針」を示しています。法人全体のPDCAの起点はこの法人の「理念・基本方針」になります。

● 法人の「理念・基本方針」に基づき、実際のサービス提供の場面で適切に判断・実行するためには、図表5・6に示すような法人の理念・基本方針に基づく文書体系の仕組の確立、マネジメントシステムを管理・維持・改善するための体制整備等が必要となります。

図表 5　法人の理念・基本方針に基づく文書体系の仕組み（例）

※ 本書の第3章では図表 5（赤線部分）に示す「一次文書」を例示します。

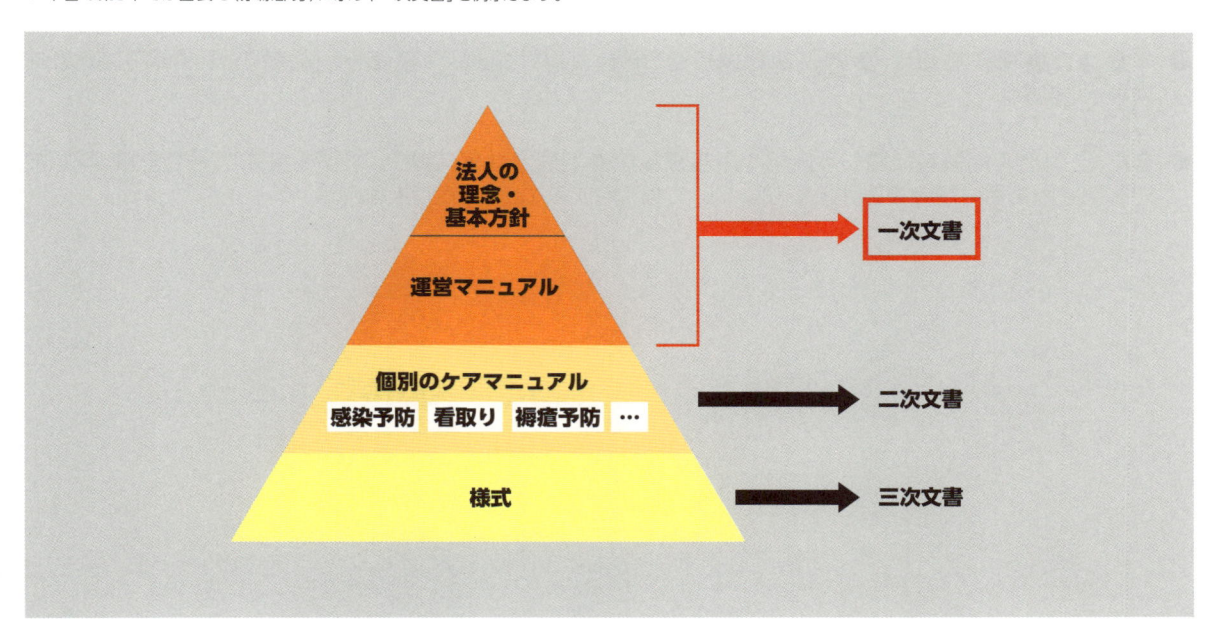

図表 6　マネジメントシステムを管理・維持・改善するための体制整備（例）

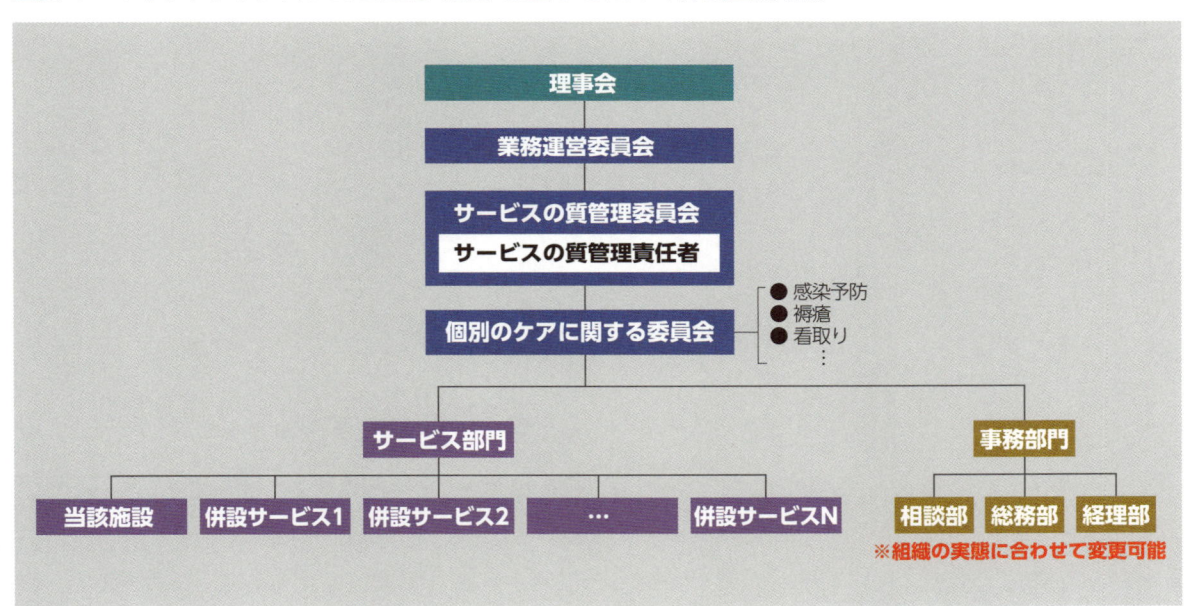

● 多くの介護保険サービスの提供現場においては、サービス提供を行う際の個別のケアマニュアル・様式など
は整備されていますが、これらは必ずしも法人の理念・基本方針と連動しているとは言えません。また、個
別のケアマニュアル・様式が、個別ケアのアウトカム（結果）に基づき、適正に管理・維持・改善するための
体制整備がされている法人は少数であると言えます。

● マネジメントシステム導入による適切なプロセス管理は、サービスの質の向上につながると言えます。本書
を参考に、マネジメントシステムを導入する際のポイントを理解しましょう。

III.本書の対象

● 本書は介護保険施設(介護老人保健施設、介護老人福祉施設、介護療養型医療施設、介護医療院)を対象とします。

● また、その他の高齢者に関わる施設や小規模多機能型居宅介護、看護小規模多機能型居宅介護、認知症対応型共同生活介護等の居住系施設においても活用することを想定します。

2 介護保険施設におけるマネジメントシステム導入のフローと具体的な進め方

I.マネジメントシステムの導入のフロー

● マネジメントシステムとは、方針及び目標を定め、それらを達成するために組織を適切に管理・維持し、改善するための仕組みのことです。マネジメントシステムの導入にあたって、まずは導入の全体像を確認しましょう。

● 導入のフロー（例）は以下のとおりです。

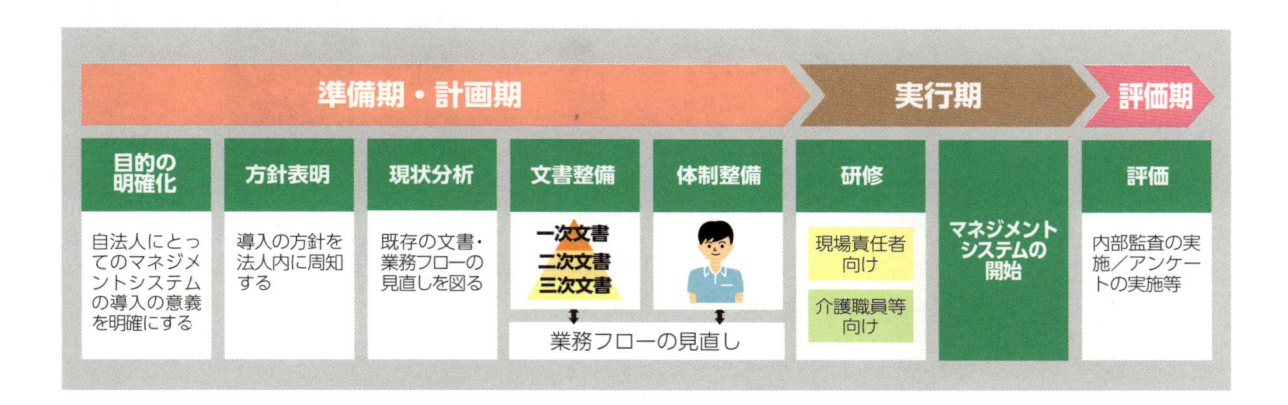

● マネジメントシステムの導入は、導入して一時的なもので終わらせるのではなく、施設内の継続的な取り組みとして進めていくことにより、実質的な効果を得ることができます。

● 上記の導入フローは一例です。どのステップから入るのか、どのような体制で進めるか等については、各施設の現状を踏まえて考えましょう。

II.各ステップの具体的な進め方

① 準備期・計画期の実施内容

1 マネジメントシステム導入にあたっての目的の明確化

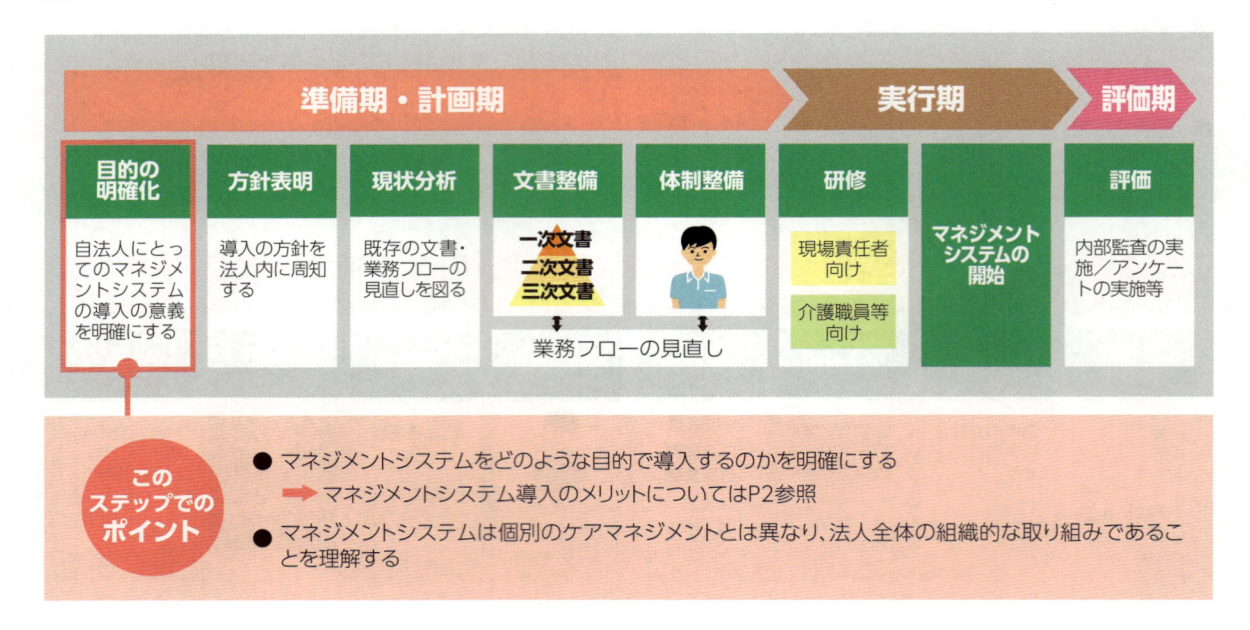

| 準備期・計画期 | | | | | 実行期 | | 評価期 |

目的の明確化	方針表明	現状分析	文書整備	体制整備	研修	マネジメントシステムの開始	評価
自法人にとってのマネジメントシステムの導入の意義を明確にする	導入の方針を法人内に周知する	既存の文書・業務フローの見直しを図る	一次文書 二次文書 三次文書		現場責任者向け 介護職員等向け		内部監査の実施／アンケートの実施等

業務フローの見直し

このステップでのポイント

● マネジメントシステムをどのような目的で導入するのかを明確にする
➡ マネジメントシステム導入のメリットについてはP2参照
● マネジメントシステムは個別のケアマネジメントとは異なり、法人全体の組織的な取り組みであることを理解する

マネジメントシステムをどのような目的で導入するのかを明確にする

● マネジメントシステム導入にあたっては、まず、この目的を明確にしましょう。

● 介護保険サービスの理念は「高齢者が尊厳を保持し、その有する能力に応じ自立した日常生活を営むことができるようにすること」です。

● 介護保険サービスの提供現場においては通常、その法人としての「理念・基本方針」を示しています。法人全体のPDCAの起点はこの法人の「理念・基本方針」になります。

● この「理念・基本方針」に基づき、実際のサービス提供の場面で適切に判断・実行するためには、図表 5・6に示すような法人の理念・基本方針に基づく文書体系の仕組みの確立、マネジメントシステムを管理・維持・改善するための体制整備等が必要となります（P5参照）。

● マネジメントシステムは、介護保険サービスの理念をサービス提供の現場で具現化するためのツールと言えます。マネジメントシステムを導入することにより「業務の可視化」「サービスの標準化」「人材育成」「事故防止」等のメリットを得ることができます（P2参照）。

● マネジメントシステムは個別のケアマネジメント（図表 7の「サービス提供におけるPDCA」）とは異なり、法人全体の組織的な取り組みです。組織的な取り組みとするためには、法人のトップがマネジメントシステムの意義を理解し、法人全体に周知していくことが大切です。

図表 7　法人全体のPDCAとサービス提供における2つのPDCAサイクル【再掲】

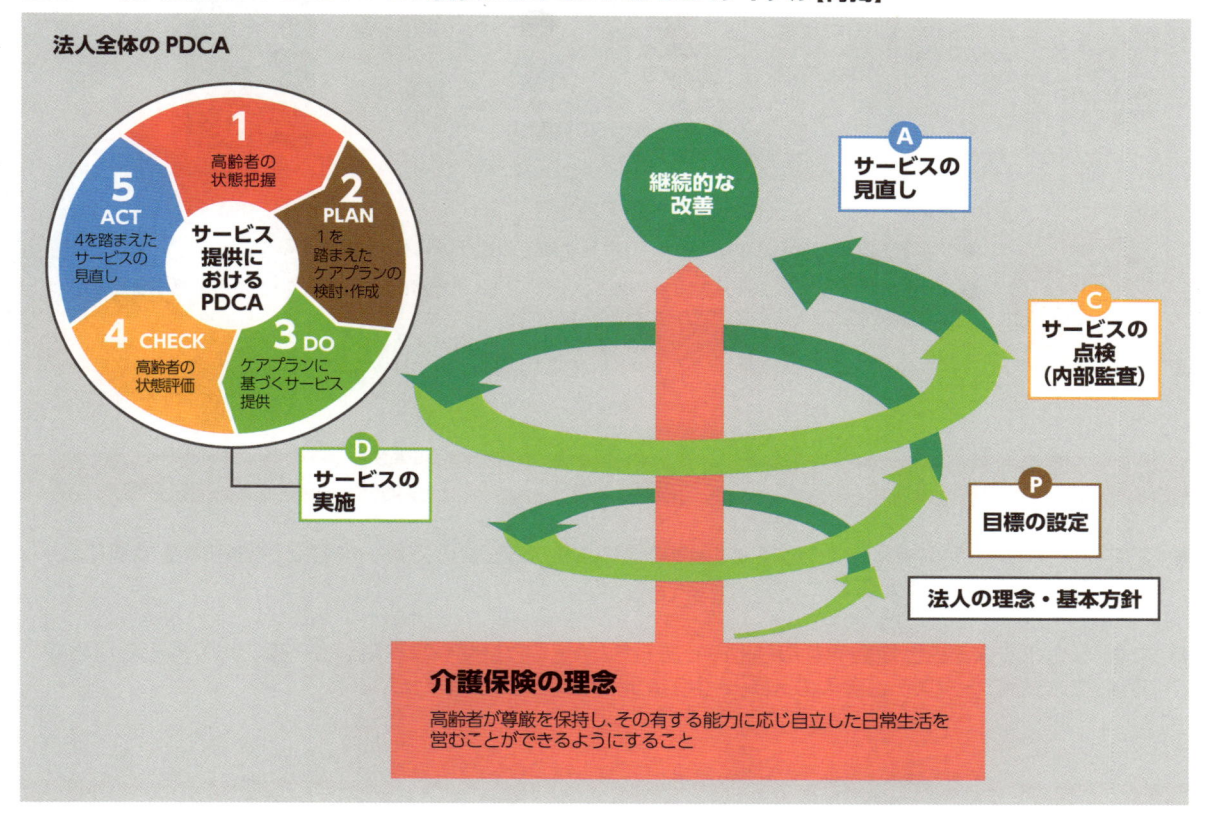

🎓 事例から学ぼう ✏️　　**目的の明確化の例（A介護老人保健施設の場合）**

　A介護老人保健施設は、2000年にISO9001（品質）を取得しました。

　ISO導入のきっかけは、介護保険制度の開始を見据え、複雑な運用システムやスタッフの入れ替わりに対応しながら**サービスの質の標準化やレベルアップ**を図るための**標準的なルール作り**が必要であると当時の常務理事が考えたことでした。

　導入の際は**当時の常務理事が旗振り役**となり、1998年から通信ネットワークとISO導入のためのプロジェクトチームをそれぞれ立ち上げました。

　その後、ISOに用いられる用語・概念が介護の現場に馴染まない場面があったこと、職員がISO9001の運用に慣れたことから、5年後の2006年にISO9001を取り下げました。その後、現在は、内部監査などのISO9001の効果的な取り組みを取り入れた施設独自のマネジメントシステムを運用しています。

施設定員：100名
導入時期：ISO9001…2000年　独自のマネジメントシステム…2006年
適用サービス：介護老人保健施設、その他の居宅サービス

2 マネジメントシステム導入にあたっての方針表明

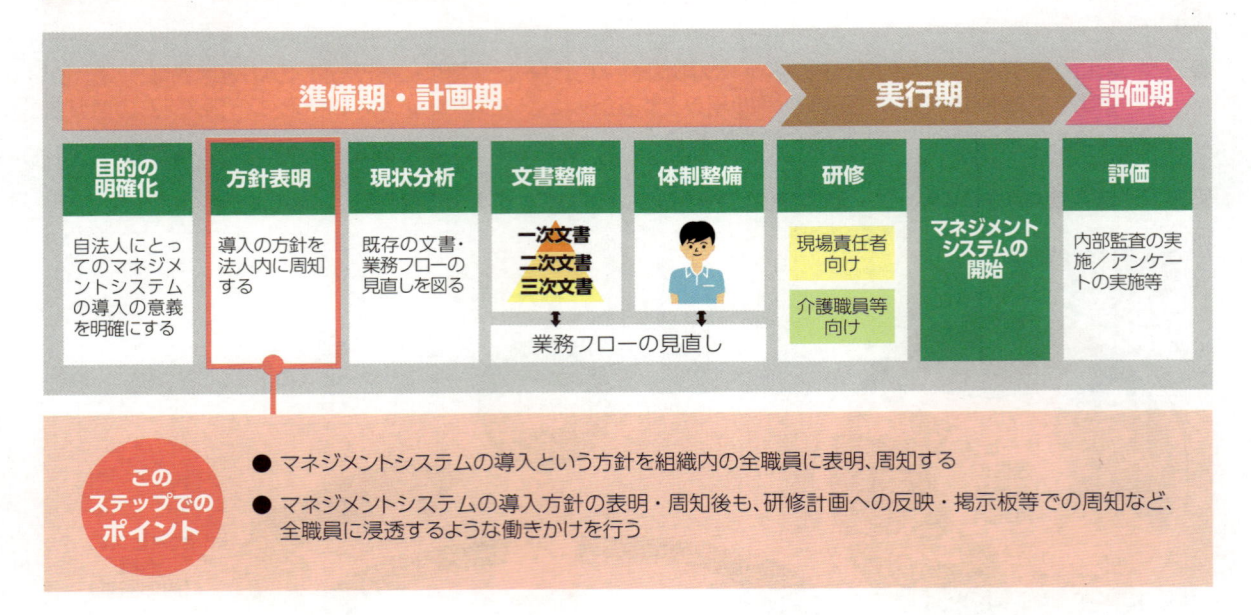

マネジメントシステムの導入という方針を組織内の全職員に表明、周知する

● マネジメントシステム導入にあたっては、目的を明確にした後、この方針・内容を組織内の全職員に表明、周知、浸透させることが大切です。

● マネジメントシステムは組織的な取り組みであることから、施設長や管理職など一部の取り組みで留めていては、マネジメントシステム導入のメリット（P2参照）は十分に得られません。

マネジメントシステムの導入方針の表明・周知後も、研修計画への反映・掲示板等での周知など、全職員に浸透するような働きかけを行う

● マネジメントシステム導入といった方針を、表明、周知、浸透させるには、一度の方針表明に留めるのではなく、マネジメントシステム導入の意義について、
　○ 説明会の開催
　○ 研修内容への反映
　○ 施設内掲示板等
様々な手段を用いて繰り返し伝えましょう。

● A介護老人保健施設は、2000年にISO9001を取得しました。

● ISO9001取得にあたって、**理事長自ら職員が集まる全体会議でISO取得の方針について趣旨説明**を行いました。

● また、**全体会議後も定期的にミーティングを開催**し、**継続的に方針の説明**を行いました。その際は、現場の業務改善を意図したものであることを強調しました。以前より施設内に新しいものを積極的に取り入れる風土があったため、ISOの導入そのものに大きな抵抗はありませんでした。

● 日々の業務を記録するためにシステム上にマネジメントシステムの文書を掲載し、**いつでも閲覧可能な状態にする**ことでマネジメントシステムの概念を職員へ徐々に浸透させていきました。

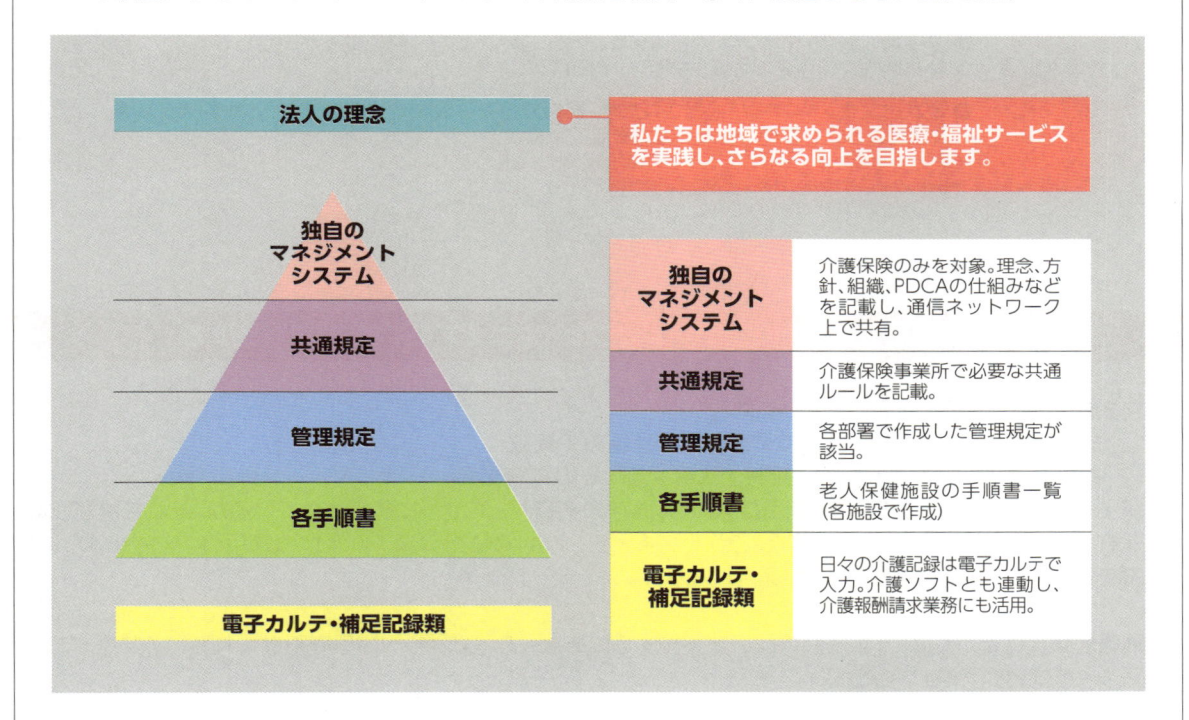

私たちは地域で求められる医療・福祉サービスを実践し、さらなる向上を目指します。	
独自のマネジメントシステム	介護保険のみを対象。理念、方針、組織、PDCAの仕組みなどを記載し、通信ネットワーク上で共有。
共通規定	介護保険事業所で必要な共通ルールを記載。
管理規定	各部署で作成した管理規定が該当。
各手順書	老人保健施設の手順書一覧（各施設で作成）
電子カルテ・補足記録類	日々の介護記録は電子カルテで入力。介護ソフトとも連動し、介護報酬請求業務にも活用。

● ISO9001導入当初は、紙の書類が大幅に増える等の要因から、職員には必ずしも好評であったとは言えませんでした。

● しかし、現場職員が監査に慣れることで、**実地指導に対する負担は軽減**された面があり、**マネジメントシステムの意義が徐々に理解**されるようになりました。

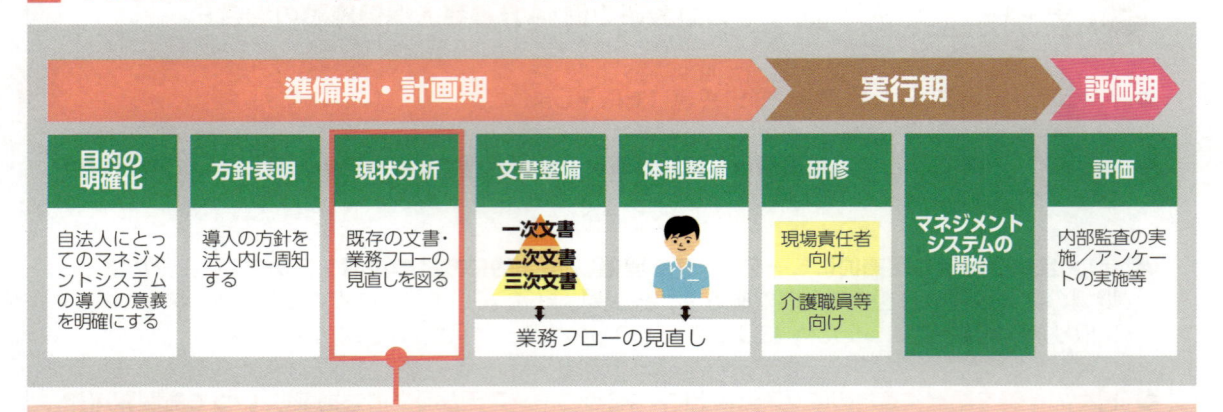

準備期・計画期					実行期		評価期
目的の明確化	**方針表明**	**現状分析**	**文書整備**	**体制整備**	**研修**	**マネジメントシステムの開始**	**評価**
自法人にとってのマネジメントシステムの導入の意義を明確にする	導入の方針を法人内に周知する	既存の文書・業務フローの見直しを図る	一次文書 二次文書 三次文書 ↓ 業務フローの見直し		現場責任者向け 介護職員等向け		内部監査の実施／アンケートの実施等

このステップでのポイント

● 各部署・フロアで整備されている文書（マニュアル・様式）を収集する

● 文書を収集後、マネジメントシステム全体の運用の中で、何の文書が不足しているか、現状の文書の内容で何が足りないかを明確にする

● 現状の文書・内容等が把握された後、現場負担を考慮した上で、マネジメントシステム導入までにどのように文書を見直すかの方針を定める

各部署・フロアで整備されている文書（マニュアル・様式）を収集する

● マネジメントシステム導入にあたっては、
　○ 法人の理念・基本方針に基づく文書体系の仕組みの確立
　○ マネジメントシステムを管理・維持・改善するための体制整備
が不可欠となります。この2つを行うためには、既存の文書がどのように整備されているか、それを誰が記録・保管・共有しているかの情報収集と、これを踏まえて、マネジメントシステム全体の運用の中でどのように文書を見直すかの検討（現状分析）が必要になります。

● 情報収集にあたっては、まず個別のケアを実施するにあたって、各部署・フロアで整備されている文書（マニュアル・様式）を収集してください。

文書を収集後、マネジメントシステム全体の運用の中で、何の文書が不足しているか、現状の文書の内容で何が足りないかを明確にする

● マネジメントシステム全体の運用の中で、どの文書を誰が記録・保管・共有しているか、何の文書が不足しているか、現状の文書の内容で何が足りないかを明確にしましょう。

● これらの現状分析は、マネジメントシステムの運用の柱となる事務長、生活相談員、看護長、介護長等と共に実施しましょう。現状分析の段階で状況を共有することが、この後の体制整備・業務フローの見直し等をより円滑にし、結果として職員にも浸透しやすくなります。

● 現状分析で重要なのは、情報収集により現状の文書を整理した後、現場負担を考慮した上で、マネジメントシステム導入までにどのように文書を見直すか、という視点です。足りない要素にだけ目を向けるのではなく、既存の文書をどのように活用するか、現時点での業務フローをどのように生かすかなど、今あるものを徐々に改善していくという視点を持ちましょう。これにより急な業務フロー変更に伴う職員の反発を回避できます。また、マネジメントシステムによりPDCAを回すことで、継続的な改善が可能となります。

事例から学ぼう　現状分析の例（B介護老人保健施設の場合）

● B介護老人保健施設では、2017年にマネジメントシステムを試行導入しました。B介護老人保健施設では人的、資金的、時間的なコストを考慮するとISO取得は無理だと判断しましたが、当施設独自のマネジメントシステムを構築する上で**ISO9001の基本的なエッセンスは参考**にしました。

> 施設定員…65名
> 導入時期…2017年
> サービス…介護老人
> 　　　　　保健施設

● 導入にあたっての現状分析では、業務マニュアルや有害事象の発生件数・発生率に関する資料等を収集しました。さらに、文書化されていない業務を洗い出すため、法人理事が事務長らに職員へのヒアリングを行うよう指示しました。

● **現場の負担を可能な限り増やすことなく**、既存の文書をマネジメントシステムでいかに活用するかという視点で現状分析を行いました。

● 法人理事と事務長、ケアマネジャーを中心として、必要に応じて看護長や介護長も加わり、業務のあり方や既存の業務マニュアルとの整合性、記入様式等を確認し、既存業務を整理しました。対面でのヒアリング以外にもメールや電話で頻繁に連絡を取り合い、既存業務の整理に4ヶ月かかりました。

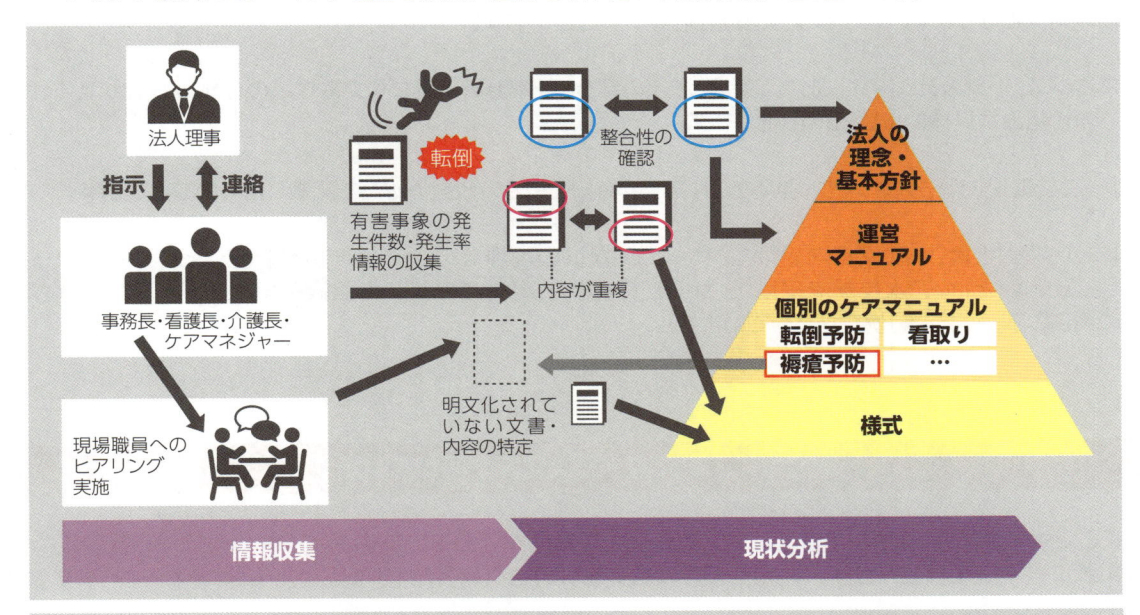

実際に収集した マニュアル・ 様式の一覧	● B 介護老人保健施設教育研修マニュアル	● ○○年度　研修委員会年間実施計画
	● 褥瘡予防実施マニュアル	● 転倒予防評価表
	● 転倒予防評価実施マニュアル	● 居室の環境設定（臥床時）
	● 緊急受診時対応マニュアル	● 入所時リスク説明書
	● 事故・ヒヤリハットマニュアル	● ヒヤリハット報告書

4 マネジメントシステム導入にあたっての文書整備

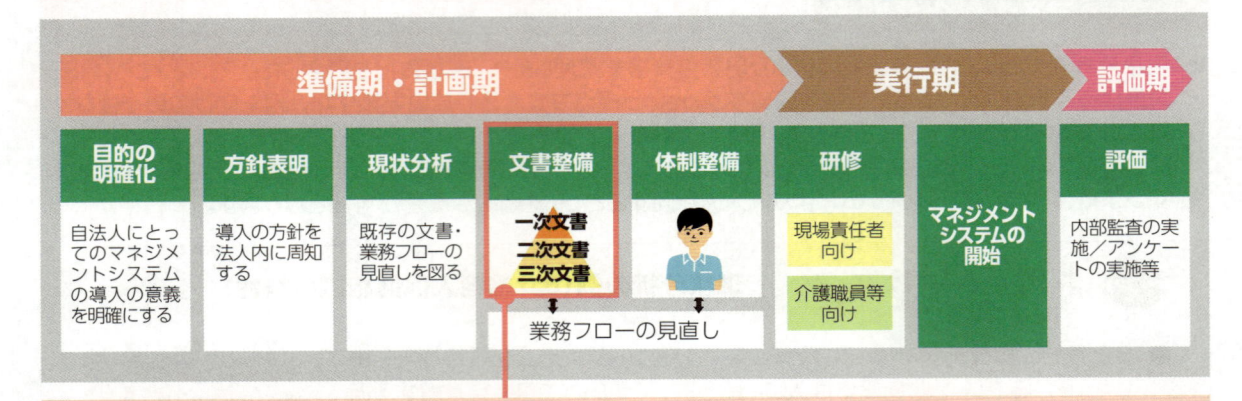

準備期・計画期					実行期	評価期
目的の明確化	方針表明	現状分析	文書整備	体制整備	研修	評価
自法人にとってのマネジメントシステムの導入の意義を明確にする	導入の方針を法人内に周知する	既存の文書・業務フローの見直しを図る	一次文書 二次文書 三次文書		現場責任者向け／介護職員等向け	マネジメントシステムの開始（内部監査の実施／アンケートの実施等）

業務フローの見直し

このステップでのポイント
- 現状分析を踏まえて、一次文書・二次文書・三次文書等に位置づけられる文書を決める
- 一次文書に二次文書・三次文書が何かを明記する
- 一次文書・二次文書・三次文書等の文書を一式まとめ、サービスの質管理責任者（P32参照）が管理する

現状分析を踏まえて、一次文書・二次文書・三次文書等に位置づけられる文書を決める

- マネジメントシステム導入にあたっては、
  ○ 法人の理念・基本方針に基づく文書体系の仕組みの確立
  ○ マネジメントシステムを管理・維持・改善するための体制整備
  が不可欠となります。ここでは「文書整備」について述べます。

- マネジメントシステム導入にあたっては、法人の理念・基本方針に基づく文書体系の仕組みが欠かせません。この仕組みは具体的にはP5のとおりです。

- 「一次文書」とは、法人の理念・基本方針、実施体制、PDCAの仕組みなどを記載したものを言います。

- 「二次文書」とは、一次文書を受けた、サービス提供の現場でのケアの手順を明記したものを言います。「三次文書」とは、二次文書を受けた、サービス提供の現場でのケアの記録を記す様式を言います（本書の第3章で「一次文書」例を提示しています）。

一次文書に二次文書・三次文書が何かを明記する

- ここでは文書体系を「一次文書」「二次文書」「三次文書」と例示していますが、これらは各施設の状況によって柔軟に段階設定ができます。「一次文書」「二次文書」「三次文書」が何かを定めた後は、それを「一次文書」に明記しましょう。

一次文書・二次文書・三次文書等の文書を一式まとめ、サービスの質管理責任者が管理する

● 「一次文書」「二次文書」「三次文書」の一式はとりまとめて後述するサービスの質管理責任者(P32参照)が管理をしましょう。

● 大切なのはマネジメントシステムの導入によって業務に関わる文書を増やすことではなく、法人の理念・基本方針に基づく文書体系の仕組みを確立し、マネジメントシステムを管理・維持・改善するための体制整備と文書整備を一体的に行うことと言えます。

事例から学ぼう　文書整備の例（A介護老人保健施設の場合）

● A介護老人保健施設は、2000年にISO9001を取得しました。

● ISO取得時には、法人の理念である「地域で求められる医療福祉サービスを実践しさらなる向上を目指します」に基づき、文書体系を整備しました。

● 文書体系の整備は1年程度で行いましたが、ISO9001の運用開始後も業務の洗い出しや厚生労働省の運営基準に合わせるようマニュアルの見直しを繰り返し、ISOに準拠したマニュアルが介護の現場に馴染む文書となるまで、3年程度かかりました。

● そして、5年後の2006年にISO9001を取り下げ、施設独自のマネジメントシステムの運用を開始しました。

● 施設独自のマネジメントシステムの下では、一次文書において、理念や方針、組織、PDCAの仕組みなどを記載しました。二次文書は共通規定として、介護サービス施設・事務所で共通のルールを記載し、三次文書に各部署で作成した管理規定を位置づけました。

二次文書の例	三次文書の例
● 文書管理規定	● 施設サービス管理規定
● 非常災害対策管理規定	● 通所サービス管理規定
● 感染予防対策管理規定	● 訪問看護サービス管理規定
● 不適合・是正・予防処置管理規定	● 訪問介護サービス管理規定
● 個人情報保護管理規定	● 訪問リハビリサービス管理規定
● 衛生管理規定	● 介護予防通所介護管理規定
● 介護報酬処理管理規定	● 居宅介護支援管理規定
● 職員教育・研修管理規定	● 食事サービス管理規定
● 介護保険事業所内部監査管理規定	

検討した体制については
一次文書に書きましょう（P30参照）

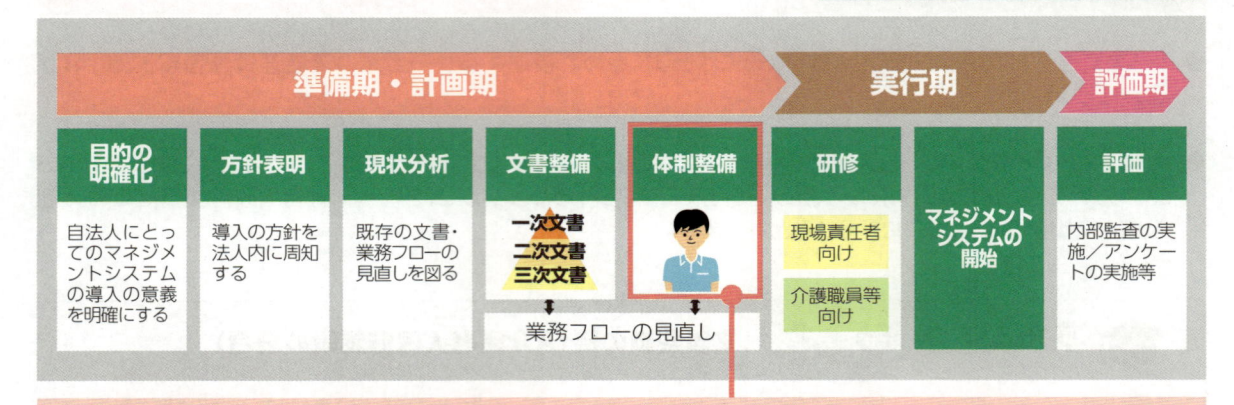

準備期・計画期					実行期	評価期
目的の明確化	**方針表明**	**現状分析**	**文書整備**	**体制整備**	**研修**	**評価**
自法人にとってのマネジメントシステムの導入の意義を明確にする	導入の方針を法人内に周知する	既存の文書・業務フローの見直しを図る	**一次文書 二次文書 三次文書** ↓ 業務フローの見直し		現場責任者向け / 介護職員等向け	内部監査の実施／アンケートの実施等

マネジメントシステムの開始

この ステップでの ポイント

● 日々の業務の中で文書体系に基づく文書を記録・報告する体制（役割）を整備する

● 上記を一定期間後に、確認・共有して改善につなげる体制（役割）を整備する

● 「サービスの質管理委員会」「サービスの質管理責任者」を組織の中で位置づける

日々の業務の中で文書体系に基づく文書を記録・報告する体制（役割）を整備する

● マネジメントシステム導入にあたっては、
○ 法人の理念・基本方針に基づく文書体系の仕組みの確立
○ マネジメントシステムを管理・維持・改善するための体制整備
が不可欠となります。ここでは「体制整備」について述べます。

● マネジメントシステム導入にあたっては、前述のような法人の理念・基本方針に基づく文書体系の仕組みに加え、その文書体系を管理・維持・改善するための体制整備が欠かせません。

● 体制整備の視点としては、
① 日々の業務の中で文書体系に基づく文書を記録・報告する体制（役割）
② ①を一定期間後に、確認・共有して改善につなげる体制（役割）
の2つの視点があります。

● ①については、マネジメントシステム導入に伴うケアの手順・文書作成について研修等を通して広く職員に周知・普及し、実践につなげる必要があります。

上記を一定期間後に、確認・共有して改善につなげる体制（役割）を整備する

● ②については、一定期間後の、個別ケアのアウトカム（結果）の改善の取り組みについて検討する組織・会議等の設定が必要です。②については、図表 8のような体制図が一例としてあげられます（それぞれの組織の役割・構成員については **3** のⅢ「 **6** **実施体制** 」を参照）。

図表 8
マネジメントシステムを
管理・維持・改善する
ための体制整備（例）【再掲】

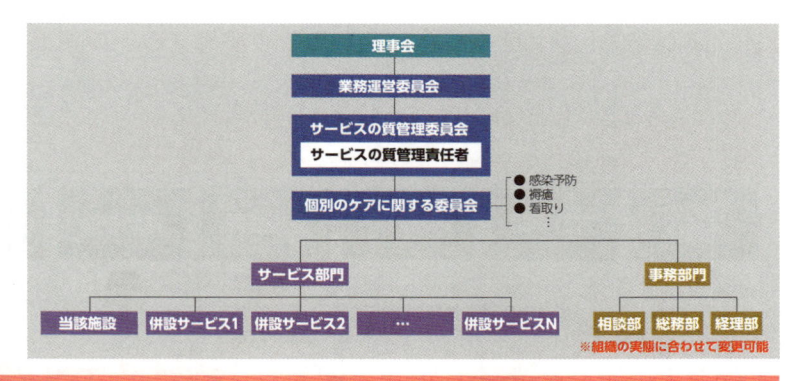

「サービスの質管理委員会」「サービスの質管理責任者」を組織の中で位置づける

● 図表8の全ての組織・会議等を新規で立ち上げる必要はありませんが、マネジメントシステムの運用といった視点では「サービスの質管理委員会」「サービスの質管理責任者」「内部監査者」（P32、33参照）を組織の中で位置づけることは重要です。

● 体制整備にあたっても、文書整備と同様、現在ある組織・会議等をマネジメントシステム全体の運用の中でどのように位置づけるかなど、今あるものを徐々に改善していくという視点を持ちましょう。

事例から学ぼう　体制整備の例（A介護老人保健施設の場合）

● A介護老人保健施設は、2000年にISO9001を取得しました。

● ISO9001導入以前は、管理者会議として、各部署から経営者に向けて実績報告を行い、経営者がフィードバックを行っていた他、感染症、災害など特定の目的で、必要な職種が組織横断的に集まる委員会を設置していました。

● ISO9001導入前後で**体制を大きく変更しないことに留意**し、マネジメントシステムの運用や改善のために**コンプライアンス委員会を新設**しました。コンプライアンス委員会では、介護保険分野のコンプライアンスに関するチェックや、マネジメントシステムの運用を実施しています。

● **ISO導入の体制整備のための準備期間は2年ほど**で、1998年から準備を開始し、ISOの予備審査、本審査を経て2000年4月から運用を開始しました。

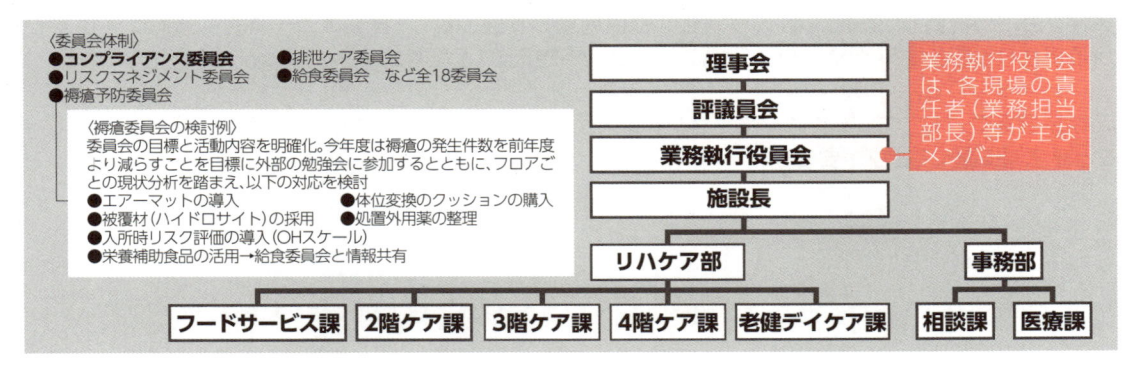

● 2006年にISO9001を取り下げた後、現在まで運用している独自のマネジメントシステムの実施体制は上図のとおりです。法人として最上位の意思決定機関は理事会で、業務執行役員会が内部の業務等を決定しています。業務執行委員会の下に設置されている**コンプライアンス委員会はISO取り下げ後も引き続き活動**しています。

6 マネジメントシステム導入にあたっての業務フローの見直し

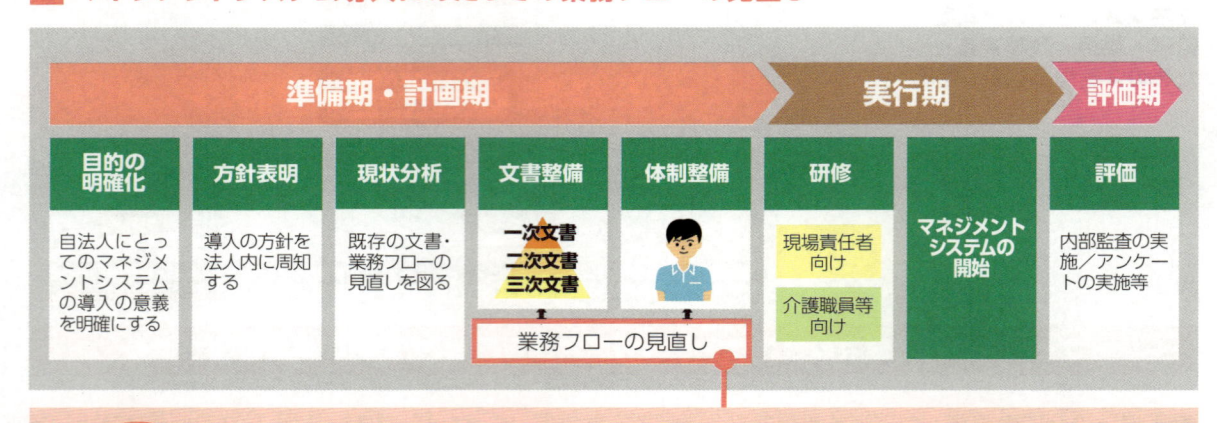

準備期・計画期					実行期		評価期
目的の明確化	**方針表明**	**現状分析**	**文書整備**	**体制整備**	**研修**	**マネジメントシステムの開始**	**評価**
自法人にとってのマネジメントシステムの導入の意義を明確にする	導入の方針を法人内に周知する	既存の文書・業務フローの見直しを図る	一次文書 二次文書 三次文書		現場責任者向け 介護職員等向け		内部監査の実施／アンケートの実施等

業務フローの見直し

このステップでのポイント

● 業務フローの見直しは、文書整備・体制整備と一体的に実施する

● 業務フローの見直しを円滑に行うために、現状分析の段階で職員へのヒアリングを行う

業務フローの見直しは、文書整備・体制整備と一体的に実施する

● マネジメントシステム導入にあたっては、
　○ 法人の理念・基本方針に基づく文書体系の仕組みの確立
　○ マネジメントシステムを管理・維持・改善するための体制整備
が不可欠になりますが、これらの取り組みの中で発見した問題を解決するために既存の業務フローの見直しを実施しましょう。

業務フローの見直しを円滑に行うために、現状分析の段階で職員へのヒアリングを行う

● 業務フローの見直しにあたっては、サービス提供現場の看護職員、介護職員に一時的な負荷が発生することが予想されることから、現状分析の段階でヒアリングを行うことが有効です。

● 既存業務を生かしつつ、まずはマネジメントシステムの導入につなげること、その後、より改善につなげることを念頭に置くことが重要です。

● B介護老人保健施設では、2017年にマネジメントシステムを試行導入しました。

● マネジメントシステム導入のため、法人理事が職員にヒアリングを行い、各職種の専門的な視点に基づいて、既存業務の整理や業務フローの見直しを行いました。

● ヒアリングの結果、**個別のケアマネジメントが十分に機能していることが判明**したため、可能な限り**現状の業務フローを変更しない**方が良いという判断に至りました。そこで、本来の業務のあり方を基に、**既存業務の可視化に注力**することにしました。

● 具体的には、マネジメントシステム導入前後で業務フローに極力変更がないよう、既存の会議体を活用し、会議の報告内容や業務フローの順序をマネジメントシステムに合わせて少し変更する程度に留めました。その結果、**マネジメントシステム導入によって新たに発生した業務はなく**、現場の職員にも業務が増えたという認識は生じませんでした。

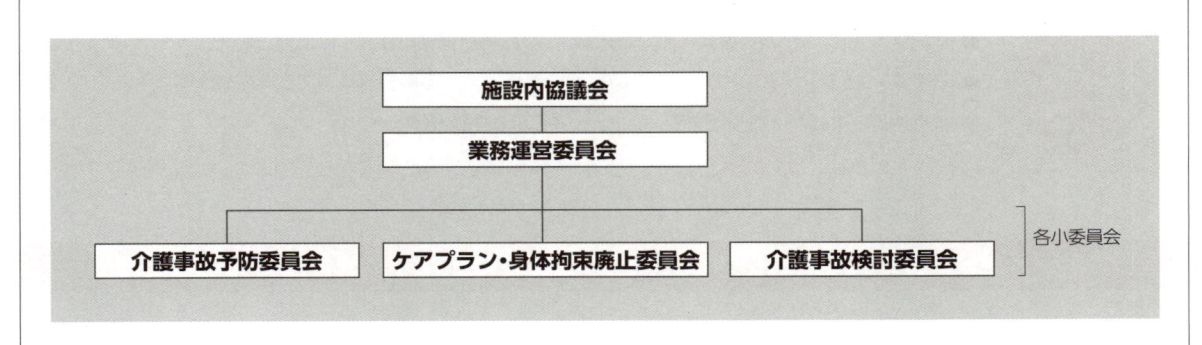

② 実行期の実施内容

① マネジメントシステム導入にあたっての職員への研修の実施

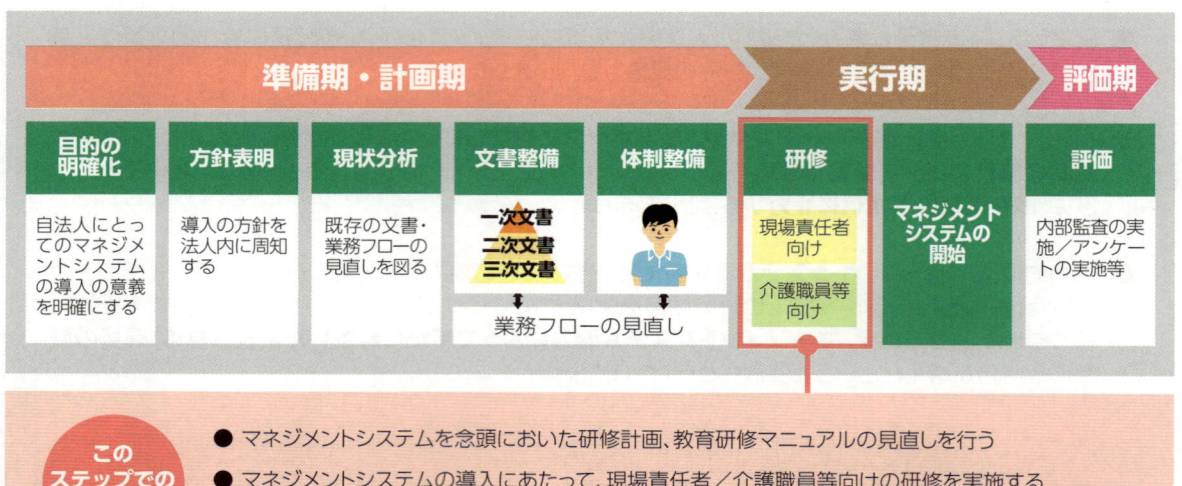

準備期・計画期					実行期		評価期
目的の明確化	方針表明	現状分析	文書整備	体制整備	研修	マネジメントシステムの開始	評価
自法人にとってのマネジメントシステムの導入の意義を明確にする	導入の方針を法人内に周知する	既存の文書・業務フローの見直しを図る	一次文書 二次文書 三次文書 → 業務フローの見直し		現場責任者向け 介護職員等向け		内部監査の実施／アンケートの実施等

このステップでのポイント

- マネジメントシステムを念頭においた研修計画、教育研修マニュアルの見直しを行う
- マネジメントシステムの導入にあたって、現場責任者／介護職員等向けの研修を実施する
- 試行期間・本格導入後などにフォローアップの研修も実施する

マネジメントシステムを念頭に置いた研修計画、教育研修マニュアルの見直しを行う

- 準備期・計画期を経て、いよいよマネジメントシステムの実行期に入ります。

- マネジメントシステムの実行にあたっては、組織内の全職員に、この方針・内容を表明、周知、浸透させることが大切です。

- 導入時の研修（以下、導入研修）だけでなく、各施設で定期的に実施している研修に、マネジメントシステム導入の意義、文書体系、各職員の役割等について定期的に学習する機会を盛り込む必要があります。

- 人材教育は、**3** の**Ⅲ**「 **8－1 研修及び能力向上への取り組み** 」にも明記されています。マネジメントシステムの導入時に、研修計画、教育研修マニュアルの見直しも同時に行うことが、法人の理念・基本方針と連動したマネジメントシステムの実現につながります。

マネジメントシステムの導入にあたって、現場責任者／介護職員等向けの研修を実施する

- 実際の導入研修の実施にあたっては、職員を、現場責任者／介護職員等と分け、それぞれの業務に応じて研修を行いましょう。それぞれの研修実施者、受講者、研修内容（例）は以下のとおりです。

研修を実施する側	研修を受ける側	研修内容（例）
総括責任者	現場責任者	●マネジメントシステム導入の意義・目的について ●導入スケジュールについて

研修を実施する側	研修を受ける側	研修内容（例）
総括責任者	現場責任者	●文書体系について ●実施体制について（現場責任者の役割）　等
現場責任者	介護職員等	●マネジメントシステム導入の意義・目的について ●導入スケジュールについて ●文書体系について ●実施体制について（現場スタッフの役割） ●主な業務フローの変更点について　等

● マネジメントシステムを導入するからといって、全職員がマネジメントシステムの全体の詳細を知る必要はありません。各人がマネジメントシステム全体の中の自分の業務を理解することが大切ですので、このことを念頭に研修を実施しましょう。

試行期間・本格導入後などにフォローアップの研修も実施する

● 職員の導入研修に関しては、導入前に1回行うだけでなく、試行期間や本格導入後など、フォローアップの研修の実施も念頭に置くことが、現場での初期の定着を進める上で重要です。

🎓 事例から学ぼう✏️　導入に当たっての職員への研修の実施の例（B介護老人保健施設の場合）

● B介護老人保健施設では、2017年にマネジメントシステムを試行導入しました。

● B介護老人保健施設ではマネジメントシステムに基づき、年間の教育研修計画としてマネジメントシステムに関する全職員を対象とした研修を試行期間の3ヶ月間のうちに計3回（①〜③）実施しました。

● 導入開始時の研修では法人理事を講師とし、**現場責任者と介護職員等向けの階層別研修（①）**により、マネジメントシステムについての説明を行いました。試行期間の中盤では、褥創予防、事故防止に関する法定研修とは別に、マネジメントシステムを念頭に置いた、褥創予防、転倒予防に関する研修（②）を実施しました。試行期間の終盤では、内部監査として職員へのヒアリング（③）を実施し、これをマネジメントシステムに関する研修として位置づけました。

実行期		評価期
① 階層別研修の実施	**② 研修の実施**	**③ 内部監査の実施**

① 階層別研修の実施

現場責任者向け	介護職員等向け
●マネジメントシステムについて ●B介護老人保健施設の現状について ●上位文書とマニュアルのチェック ●年間計画・年間目標の確認 ●今後のスケジュール ●全体研修会について ●その他委員会、会議スケジュールの確認	●マネジメントシステムについて ●B介護老人保健施設の現状について ●上位文書とマニュアルのチェック ●年間計画・年間目標の確認 ●年間計画、目標を文書化し、職員に配布

② 研修の実施

転倒予防　褥瘡予防

マネジメントシステム導入のために、法定研修に加えて新たな研修を実施

③ 内部監査の実施

職員へのヒアリング

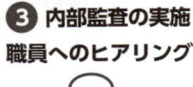

マネジメントシステムの研修と位置づけた

● 以降、**既存の研修にマネジメントシステムの内容を追加する形で実施**しており、現場の職員は既存業務のブラッシュアップという認識で取り組むことができています。

● 試行期間を終えた次年度以降は、**通常の年間の教育研修計画として組み込む**予定です。

2 マネジメントシステムの開始

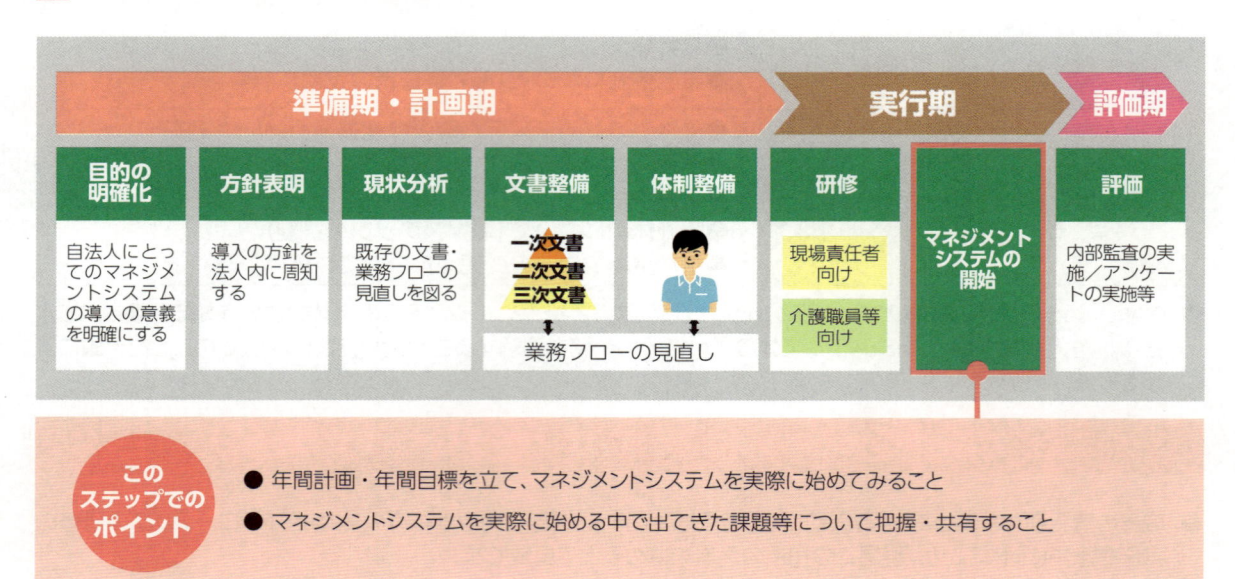

年間計画・年間目標を立て、マネジメントシステムを実際に始めてみること

● マネジメントシステムの開始にあたっては、一次文書に記載した法人の理念・基本方針に基づいた個別サービスの提供、各種研修・委員会を実施しましょう。

● これらの実施の中で重要なのが年間計画・年間目標の策定です。年間計画・年間目標の策定は、準備期・計画期に仮策定することも可能ですが、実行期には必ず策定することになります。

● 年間目標には以下の視点を盛り込みましょう

(a) 品質（サービスの質）方針と整合している
(b) **測定可能**である
(c) 適用される要求事項を考慮に入れる
(d) 製品及びサービスの適合、並びに**顧客満足の向上**に関連している
(e) **監視する**
(f) **伝達する**
(g) 必要に応じて、**更新する**

（出所）「品質マネジメントシステム-要求事項　JISQ9001」8〜9ページ（日本工業標準調査会　審議、日本規格協会　発行）

● 上記のうち（b）の例として、特定の有害事象（褥瘡など）の発生予防を念頭に置く場合に、「新規褥瘡の発生ゼロ」などの数値目標を策定することが一案としてあります。

● マネジメントシステムは、最初から完璧を目指さないことが大切です。試行期間を設けるのも一案です。まずは導入し、その後継続的な改善につなげる仕組みを作ることこそが、マネジメントシステム導入の意義と言えます。

事例から学ぼう　マネジメントシステム開始の例（A介護老人保健施設の場合）

● A介護老人保健施設は、2000年にISO9001を取得しました。

● 1998年からISO9001認証取得のための準備を開始し、1年程度で文書体系を整備しました。その後、ISOの予備審査、本審査を経て2000年4月からマネジメントシステムの運用を開始しました。

● ISO9001導入のメリットは、**PDCAサイクルを回す仕組みが構築できたこと**や厳しい**内部監査に慣れることで、実地指導の対応が非常に楽になった**ことです。

● 一方、ISO9001に準拠した業務の手順に融通がきかず、困ったこともありました。フードサービス事業で新メニュー開発を行う際、ISO9001に沿った手順で進めたことで、従来の何倍も時間がかかってしまいました。

● その後、**ISOに用いられる用語・概念が介護の現場に馴染まない場面があったこと**、職員がISO9001の運用に慣れたことから、5年後の2006年にISO9001を取り下げました。

● 現在はISO9001の良い点を取り入れた、独自のマネジメントシステムを運用しています。

③ 評価期の実施内容

1 マネジメントシステム導入後の評価

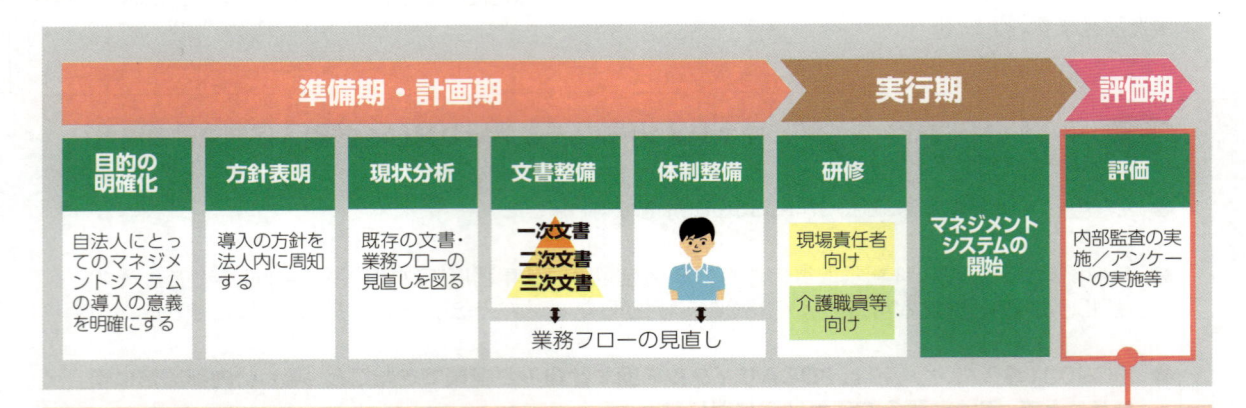

このステップでのポイント

● 「サービスの質管理委員会」「サービスの質管理責任者」「内部監査者」が中心となり、年間目標を基に、内部監査を実施する

● 内部監査の結果を踏まえた、改善策を策定する

「サービスの質管理委員会」「サービスの質管理責任者」「内部監査者」が中心となり、年間目標を基に、内部監査を実施する

● マネジメントシステムを実行し、一定期間経った後に評価期を設定しましょう。マネジメントシステムは導入して終わり、ではなく、導入後に、適正に管理・維持・改善することが重要です。そのため、評価期には、内部監査を実施しましょう。

● 内部監査では、P17で位置づけた「サービスの質管理委員会」「サービスの質管理責任者」「内部監査者」が中心となり、またP22で策定した年間目標を基に、マネジメントシステムの実行期に、
　○ 策定した年間計画・年間目標に到達できたか
　○ 到達できた場合、到達できた理由は何か
　○ 到達できなかった場合、到達できなかった理由は何か
　○ 到達できなかった理由を踏まえ、次に向けてどのような改善策を打つか
　などを検討します。

内部監査の結果を踏まえた、改善策を策定する

● 内部監査の実施にあたっては「いつ」「誰が」「何を」「どのように監査し」、「結果をどのように改善につなげるか」の視点が重要です。先行的な施設の事例を次頁で確認しましょう。

1
2
3
4
5

導入のフローと具体的な進め方
介護保険施設におけるマネジメントシステム

● 以下では、マネジメントシステムを導入しているA介護老人保健施設、B介護老人保健施設、C介護老人保健施設の3施設でどのように内部監査を実施しているか、一覧形式にまとめました。

施設名	実施者	実施回数	実施内容
A介護老人保健施設	コンプライアンス委員会（内部監査の実施者は部署の管理職）	年1～2回	●コンプライアンス委員会は会議の開催及び内部監査を実施する。 ●内部監査においては、実地指導を視野に入れたコンプライアンス（介護保険法に関連する法律、政令、省令など）の遵守状況の確認を行う。 ●確認する事項は、**①加算要件などの確認②人員に関する確認③その他集団指導等で指摘された課題**などがある。 ●確認の際には、特に、**PDCAサイクルがうまく回っているか**を中心にチェックしている。 ●マイナス点の指摘だけでなく、現場で良い取り組みが行われていれば、**グッドポイントとして評価**することもある。 ●内部監査の結果報告会には各職場の所属長以上が参加し、結果の講評を聞くことになっている（一般の職員も参加可能）。
B介護老人保健施設	施設・法人内：法人理事、事務長、統括施設課長、施設外：学識者2名	年1回	●施設内の安全管理者（看護長、介護長）、安全推進者（主任クラス）2名、一般職員2名を対象に内部監査を実施している。
C介護老人保健施設	ケアマネジャーを中心に実施	年3回	●文書の見直しのための情報収集と検討を年3回実施している。 ●**利用者の家族に対する満足度アンケート等も実施**している。

3 介護保険施設におけるマネジメントシステムの一次文書例

I.介護保険施設におけるマネジメントシステムの一次文書例の位置づけ

● 「法人の理念・基本方針に基づく文書体系の仕組み」の文書は、一次文書に該当する「法人の理念・基本方針」と「運営マニュアル」、二次文書に該当する「個別のケアマニュアル」、そして三次文書の「様式」で構成されます。

● 本章では、図表 9(赤線部分)に示す一次文書を「介護保険施設におけるマネジメントシステムの一次文書」として例示します。

● 「一次文書」とは、法人の理念・基本方針、実施体制、PDCAの仕組みなどを記載したものを言います。本書では、「法人全体のサービスの質の向上」に加え、「有害事象の発生予防(例えば褥瘡の発生など)」を念頭に、一次文書を示しています(図表10参照)。

● 以上を留意の上、実際に文書を整備する際の参考資料として活用してください。

図表 9　法人の理念・基本方針に基づく文書体系の仕組み(例)【再掲】

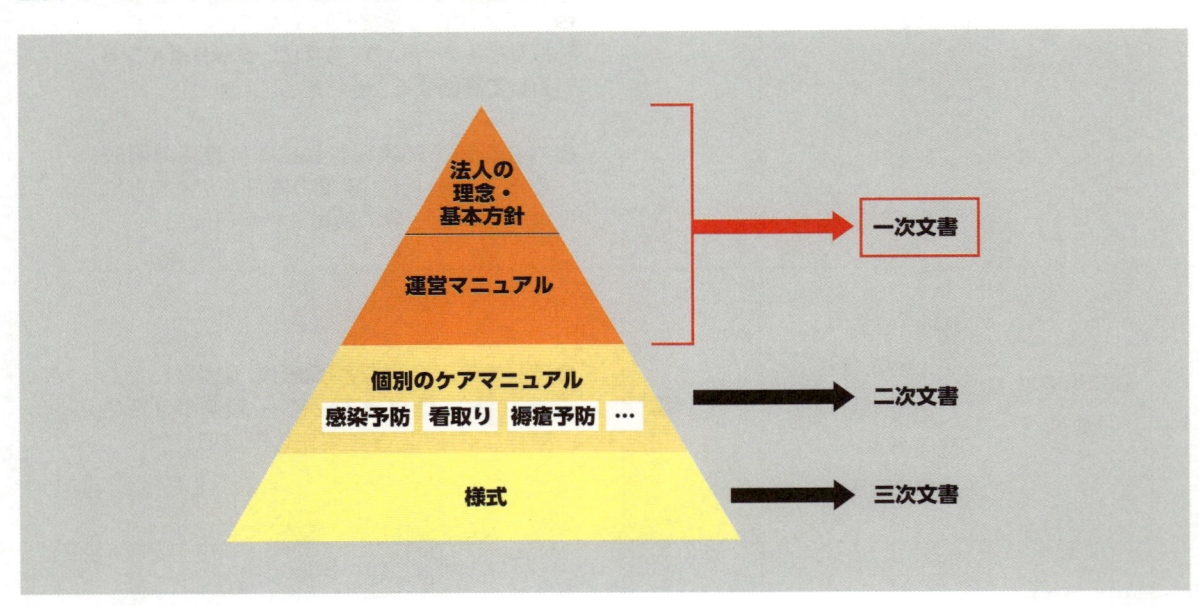

図表 10　本書で念頭に置くマネジメントシステムのメリット（例）

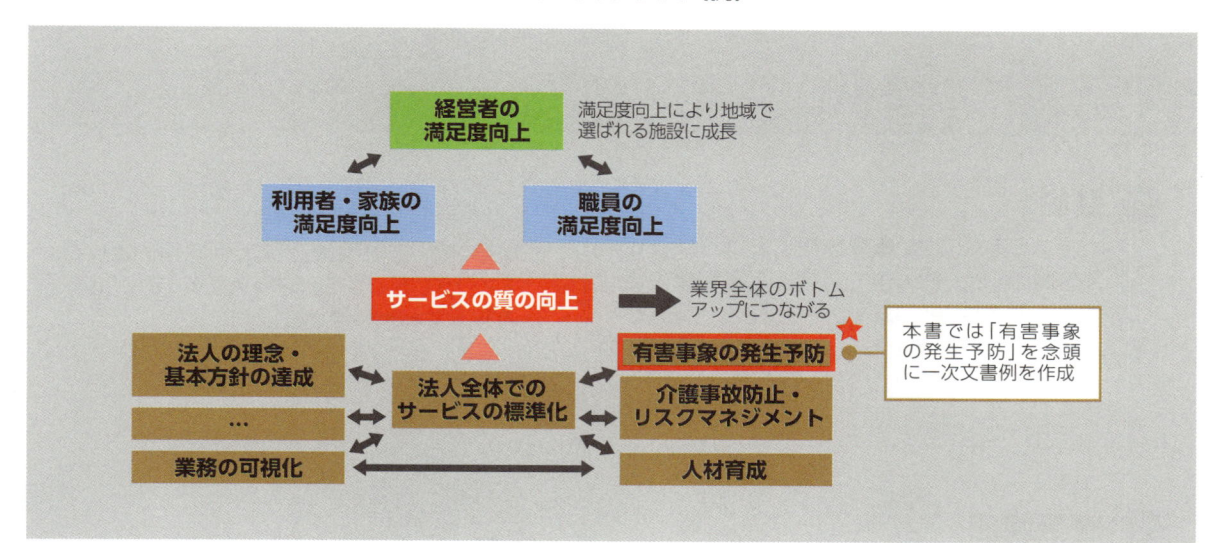

II.介護保険施設におけるマネジメントシステムの一次文書例の構成

● 「一次文書」は、具体的には以下の構成が推奨されます。

＜一次文書に記載する内容＞
❶ 目的
❷ 適用範囲
❸ 用語の定義
❹ 一般要求事項
❺ マネジメントシステムに関する基本方針
❻ 実施体制

❼ 計画
❽ 支援　　　　　　　　**PDCAの P に該当**

❾ 運用　　　　　　　　**PDCAの D に該当**

❿ 評価　　　　　　　　**PDCAの C に該当**

⓫ 改善　　　　　　　　**PDCAの A に該当**

※ ＜一次文書に記載する内容＞は、平成29年度事業で実施したヒアリング調査、及び「品質マネジメントシステム-要求事項　JISQ9001」（日本工業標準調査会　審議、日本規格協会　発行）を参考に、平成29年度・30年度事業で設置した検討委員会において、骨子を検討し、作成した。

III.介護保険施設におけるマネジメントシステムの一次文書例

一次文書例	作成上のポイント
❶ 目的 本マニュアルでは、●●施設におけるサービスの質の向上、その中でも特に有害事象の発生の予防を念頭に置いたマネジメントシステムの基本方針を定める。	☆本節では、自施設にとって、何を目的としてマネジメントシステムを導入するのか、P2のメリットを参考に書きましょう。
❷ 適用範囲 ■本マネジメントシステムは、●●施設の（同一建物内・敷地内、隣接敷地内にある施設で提供される）以下のサービスについて適用する。 □ 介護老人保健施設 □ 短期入所生活介護 □ ・・・	☆本節では、各施設において、どの部門に対してマネジメントシステムを適用するかを書きましょう。 ☆最初から全ての部門、サービスに適用するのではなく、徐々に導入するという視点を持つことが大切です。
❸ 用語の定義範囲 ■有害事象・・・本マネジメントシステムにおける有害事象とは、褥瘡、転倒、●●等、利用者の要介護状態の悪化につながる事象を意味する。 ■・・・	☆本節では、本マニュアルで繰り返し使用する用語について定義しましょう。
❹ 一般要求事項範囲 ■●●施設の施設長は、●●施設のサービスの質を向上し、有害事象の発生を予防するため、マネジメントシステムを確立し、継続的な改善を行う。 ■このための要求事項は❺〜❾で規定される。	☆本節では、マネジメントシステム全体を運用するための方針、体制等を作るための手順を記載します。 ☆一般要求事項の主体を（左記の場合は施設長）明記しましょう。

⑤ マネジメントシステムに関する基本方針

⑤-1 基本方針

■●●施設は、本マネジメントシステムに基づき、サービスの質を向上し、有害事象の発生を予防するための体制整備を行う。

■有害事象の発生予防に関しては、個々の利用者の状態に応じたケアマネジメントを実施する。

■サービスの質管理責任者は、以下を満たす基本方針を制定して文書化し、実施する。

■基本方針が●●施設にとって妥当かつ適切であることを確実にするために、定期的に見直しを行う。
1) マネジメントシステムの運用にあたっての改善事項
2) 有害事象の発生の予防に関する事項
3) ・・・

☆本節(⑤-1)では「❶ 目的」で定めた内容に沿って、より具体的に、基本方針の確立、実施に関して記述しましょう。

☆サービスの質管理責任者についてはP32を参考にしてください。

⑤-2 基本方針の周知

■サービスの質管理責任者は、基本方針を業務運営委員会や掲示・回覧等によって、従業員へ周知する。

☆本節(⑤-2)では、基本方針の周知・伝達について記述しています。基本方針を作成するだけでなく、周知・伝達の方法についても記述しましょう。

❻ 実施体制

❻-1 組織

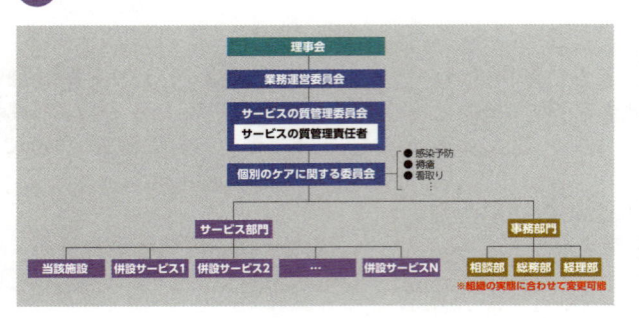

1 理事会

■理事会は、理事長、施設長、サービスの質管理責任者、
●●、●●で構成する。

■理事会は、業務運営委員会からの報告を受け、●●
施設全体にわたるサービスの質の向上に関する事項
及び有害事象の発生予防に関する事項等の審議を
通して、基本方針、事業計画を承認する。

■また、マネジメントシステム全体について課題が生
じた場合、速やかに課題解決策を検討し、承認する。

☆本節では、本マネジメントシステ
ムを管理・維持・改善するための
体制整備について述べています。

☆体制図はP5を参考にしてくだ
さい。

☆実施体制は各施設の状況に応じ
て柔軟に変更することが可能です。

☆理事会は、マネジメントシステム
のPDCAのうち「 P 」及び「 C 」
の管理を担う組織です。

2 業務運営委員会

■業務運営委員会は、施設長、サービスの質管理責任
者、医師、安全管理者で構成する。

■業務運営委員会は、サービスの質管理責任者、サービ
スの質管理委員会、個別のケアに関するカンファレン
スから報告を受け、●●施設全体にわたるサービスの
質の向上に関する事項及び有害事象の発生予防に
関する事項等の審議を通して、基本方針(案)、事業
計画(案)を策定し、理事会に承認を諮る。

■また、マネジメントシステム全体について課題が生
じた場合、速やかに課題解決策(案)を検討し、理事
会に承認を諮る。

■業務運営委員会は、理事会で承認された基本方針、
事業計画、課題解決策の、サービス部門・事務部門に
おける実施状況をモニターする。

☆業務運営委員会は、マネジメント
システムのPDCAのうち「 D 」の
管理を担う組織です。

☆理事会と業務運営委員会を一体
的な組織とすることも可能です。

3 サービスの質管理委員会

■サービスの質管理委員会は、サービスの質管理責任者、サービスの質管理者、事務部門の担当者で構成する。

■サービスの質管理委員会は、以下の事項についてサービス部門・事務部門から報告を受け、●●施設全体にわたるサービスの質の向上に関する事項及び有害事象の発生予防に関する事項等の審議を通して、その結果を業務管理委員会に報告する。
　□ 理事会で**承認**された基本方針、事業計画、課題解決策の実行状況
　□ **マネジメントシステム**全体の課題
　□ 有害事象の発生に関する課題　等

☆サービスの質管理委員会は、マネジメントシステムのPDCAのうち「 」及び「  」の管理を担う組織です。

---

4 個別のケアに関するカンファレンス

■個別のケアに関するカンファレンスは、サービスの質管理責任者、●●（個別のケアに関係する専門職）、サービスの質管理者で構成する。

■個別のケアに関するカンファレンスは、以下の事項についてサービス部門から報告を受け、●●施設全体にわたるサービスの質の向上に関する事項及び有害事象の発生予防に関する事項等の審議を通して、その結果をサービスの質管理委員会に報告する。
　□ 理事会で承認された基本方針、事業計画、課題解決策の実行状況
　□ マネジメントシステム全体の課題
　□ 有害事象の発生に関する課題　等

☆個別のケアに関するカンファレンスは、マネジメントシステムのPDCAのうち「 」の管理を担う組織です。

☆マネジメントシステムの導入によって新たな組織を作るのではなく、既存の個別のケアに関するカンファレンスをマネジメントシステムの中に組み込む視点を持ちましょう。

⑥-2 組織構成員の責務

1 サービスの質管理責任者

■サービスの質管理責任者は、施設長及び副施設長など
しかるべき役職の者が着任し、施設全体のサービスの
質の向上及び有害事象の発生予防の責任を負う。

☆サービスの質管理責任者は必須
配置としましょう。

2 サービスの質管理者

■サービスの質管理者とは、サービス部門の看護長と
介護長を想定する。

■サービスの質管理者は、各現場に存在する有害事象の
発生予防の対策が確実に実施されているか実施状況
をモニターすると共に、必要な提案をサービスの質
管理責任者及びサービスの質管理委員会に行う。

■業務運営委員会、サービスの質管理委員会、●●に関
するカンファレンスに参加し、適切なアドバイスを行う。

3 サービスの質向上推進者

■サービスの質向上推進者とは、サービス部門の副看護
長と介護主任を想定する。

■サービスの質向上推進者は、各現場の有害事象の発
生予防に関わる環境整備を実施すると共に、諸規定や
手順等に従い、各担当者と相談しながら、利用者へのケ
アマネジメント及びサービス提供、有害事象の発生予防
の対策が適切に行われているかどうかを管理する。

4 担当者

■担当者とは、各現場の看護職員、介護職員等を指す。

■担当者は、理事会で承認された基本方針、事業計画、
課題解決策に基づく諸規定を遵守し、利用者の有害事
象の発生の予防に努め、利用者の状態変化があれば、
サービスの質向上推進者やサービスの質管理者及び
他職種の担当者と相談しながら、ケアマネジメント及
びサービス提供を実施する。

⑤ 内部監査者 C

■内部監査者とは、年間目標に対する達成状況を評価する者を指す。

■内部監査者は、サービスの質管理責任者と共に、年1回見直しを行い、マネジメントシステム全般に関する改善の検討を行う。

☆内部監査者はサービスの質管理者、サービスの質向上推進者等が兼ねることも可能です。

❼ 計画　　PDCAの に該当

❼–1　計画策定

■理事会は、●●施設全体にわたるサービスの質の向上に関する事項及び有害事象の発生予防に関する事項等についての年間計画を策定する。計画には、年間目標を含む。

■理事会は、年間目標を策定する。年間目標を策定するにあたっては、年間計画・課題解決策、年間目標達成状況、教育研修実施状況、ヒヤリハット発生状況、内部監査報告等を考慮する。

■年間計画を策定後、理事会は業務運営委員会を通じて、サービス部門、事務部門に周知させる。

■年間目標は、業務運営委員会で進捗をモニターする。

❼–2　課題解決計画の策定と実施

■理事会は、業務運営委員会、サービスの質管理委員会での審議を踏まえ、改善時期を待たずにマネジメントシステム全体に関わる修正、改善、課題の解決が必要だと判断した場合、課題解決策を立案し、承認した上で、業務運営委員会や掲示・回覧等を通じて従業員へ周知する。

■課題解決策は、業務運営委員会で進捗をモニターする。

☆本節は、マネジメントシステムのPDCAのうち「 P 」に該当します。

☆本節(❼–1)では年間計画について記載していますが、その上位概念として中長期計画を立てることもあります。

☆年間目標(サービスの質目標)には以下の要素を盛り込みましょう。

(a) 品質(サービスの質)方針と整合している
(b) **測定可能**である
(c) 適用される要求事項を考慮に入れる
(d) 製品及びサービスの適合、並びに**顧客満足の向上**に関連している
(e) **監視する**
(f) **伝達する**
(g) 必要に応じて、**更新する**

(出所)(a)～(g)「品質マネジメントシステム-要求事項　JISQ9001」(8～9ページ)(日本工業標準調査会　審議、日本規格協会　発行)

⑧ 支援　PDCAの Ⓟ に該当

⑧-1 研修及び能力向上への取り組み

■●●施設の従業員に対する教育研修マニュアルを定め、従業員に対する雇用時教育、一般教育、管理者及び推進者に対する教育、臨時教育を実施し、本マネジメントシステム運営に必要な能力を維持する。

⑧-2 協議及びコミュニケーション

1 責務の周知

■基本方針、業務運営委員会、各個別ケアカンファレンスの結果を掲示や回覧、業務運営委員会を通じて周知する。

■また、従業員・担当者の責務について、サービスの質管理者やサービスの質向上推進者を通じて周知を図る。

■このような周知活動は、年間計画に盛り込む。

2 有害事象の報告

■利用者の状態変化による各関連職種の●●に関するカンファレンスの結果、有害事象の発生予防の対策の実施が必要な場合、各担当者は各サービス部門のサービスの質管理者へ事前・事後に関わらず報告する。

■また、結果に関しても報告する。

☆本節は、マネジメントシステムのPDCAのうち「 Ⓟ 」に該当します。

☆ここではマネジメントシステムを運用する上での施設全体の力量（教育、訓練、研修）、認識、コミュニケーション、文書化した情報について記載しています。

8−3 マニュアル・様式・要領

1 マニュアル・様式・要領の利用

■理事会及び業務運営委員会は、以下に示すマニュアル・様式・要領を本マネジメントシステムの一部として利用する。
- □ 年間計画様式
- □ 課題解決計画策様式
- □ サービスの質向上に係る年間目標様式
- □ 教育研修マニュアル
- □ 褥瘡発生予防マニュアル
- □ 転倒防止マニュアル
- □ ・・・
- □ 緊急受診時対応マニュアル
- □ 事故・ヒヤリハットマニュアル
- □ 内部監査実施要領
- □ ・・・

2 マニュアル・様式・要領の制定と改廃

■実施マニュアル・様式・要領の制定時に、それぞれの担当者を明確にする。

■また、制定と改廃は、業務運営委員会での審議と答申を経て実施されることとする。

8−4 記録及び記録の管理

■本マネジメントシステムに基づく活動は、原則として全て記録される。記録として管理されるものの代表例を列挙する。これらの記録の保管は、●年間とする。
- □ 理事会及び業務運営委員会等の議事録
- □ 職場巡視の記録
- □ 教育研修内容、出席者の名簿
- □ 利用者のケアの記録（家族と行った会議等も含む）
- □ 医師の指示等の記録
- □ ・・・

☆本節（8−3）では、文書化した情報について記載しています。

☆これらは「二次文書」(P5参照)に該当します。

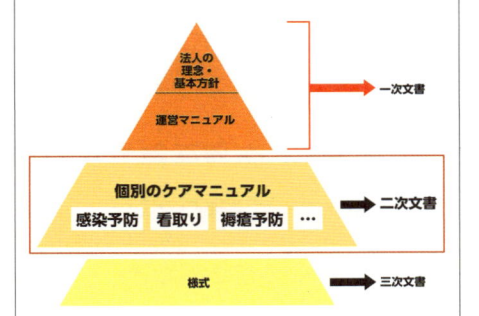

⑨ 運用　　　PDCAの D に該当

⑨−1　有害事象の発生要因の特定

■○○施設において、●●の有害事象の発生要因を特定、有害事象の種類・段階に応じた適切な管理対策を実施する。

■○○の有害事象の発生要因の種類や評価方法については、それぞれの関連するマニュアルを参考にする。

⑨−2　有害事象発生時の対応

■各サービス部門で実際に有害事象が発生した場合、ただちにサービスの質管理者及びサービスの質向上推進者への報告が推奨される。

■関連するマニュアルに基づき、対応策を審議、決定、実施する。

⑨−3　変更の管理

■以下のような場合で、有害事象の予防にとって影響の可能性があると考えられる場合、サービスの質管理責任者、サービスの質管理者、サービスの質向上推進者はあらかじめ従業員・担当者と連携し、利用者の有害事象の発生予防に努める。

■また、有害事象の発生の増加につながる場合には、変更は中止する。
　□ 設備の変更・修理
　□ 新しい機器の導入
　□ 組織の変更
　□ ・・・

☆本節は、マネジメントシステムのPDCAのうち「 D 」に該当します。

☆ここでは本マネジメントシステムの目的の1つである「有害事象の発生予防」に関して具体的な対応策を記載しています。

⑩ 評価　　　　　PDCAの **C** に該当

⑩-1　達成状況の評価

■本マネジメントシステムにより、サービスの質の向上に関する事項及び有害事象の発生予防に関する事項等の基本方針の達成状況を評価するため、⑦-1で立てた年間目標について評価を行う。

■評価は半年後及び1年後の達成状況を確認し、目標が未達成の場合には課題解決策を策定する。

⑩-2　内部監査

■本マネジメントシステムが適切に実施、運用されているかを評価するために、内部監査実施要領に基づき、年1回内部監査を実施する。

■監査結果に基づいて、サービスの質管理責任者は改善計画案を策定し、次期計画に反映する。

☆本節は、マネジメントシステムのPDCAのうち「 **C** 」に該当します。

---

⑪ 改善　　　　　PDCAの **A** に該当

⑪-1　施設幹部による改善の検討

■サービスの質管理責任者は、以下の情報を基に、年1回見直しを行い、マネジメントシステム全般に関する改善の検討を行う。
□ 年間目標と年間計画の達成状況
□ 内部監査報告書
□ マネジメントシステムの改善計画の実施状況

⑪-2　システムの改善

■サービスの質管理責任者は、見直しの結果明らかになった改善事項について、サービスの質管理者やサービスの質向上推進者と共に具体的な改善案を検討し、即時実施する。

■サービスの質管理責任者はマネジメントシステムの改善計画の進捗を管理する。

☆本節は、マネジメントシステムのPDCAのうち「 **A** 」に該当します。

［ 実 践 編 ］

介護保険施設における
マネジメントシステム
導入の実践例

ここでは［基礎編］の内容を基に、実際にマネジメントシステムを試行導入する際の実践ポイントと、試行導入の事例、その際に編集した一次文書案をご紹介します。

［実践編］は、（株）三菱総合研究所（以下、事務局）が、立川介護老人保健施設わかば等の介護保険施設におけるマネジメントシステムの試行導入を支援する形で実施しました。

4 マネジメントシステムの 試行的な導入時の実践ポイント

● マネジメントシステムの試行的な導入にあたっては、図表11に示す「文書整備（法人の理念・基本方針に基づく文書体系の整備）」「体制整備（マネジメントシステムを管理・維持・改善するための体制整備）」が不可欠となります。

図表 11　マネジメントシステムの導入フロー【再掲】

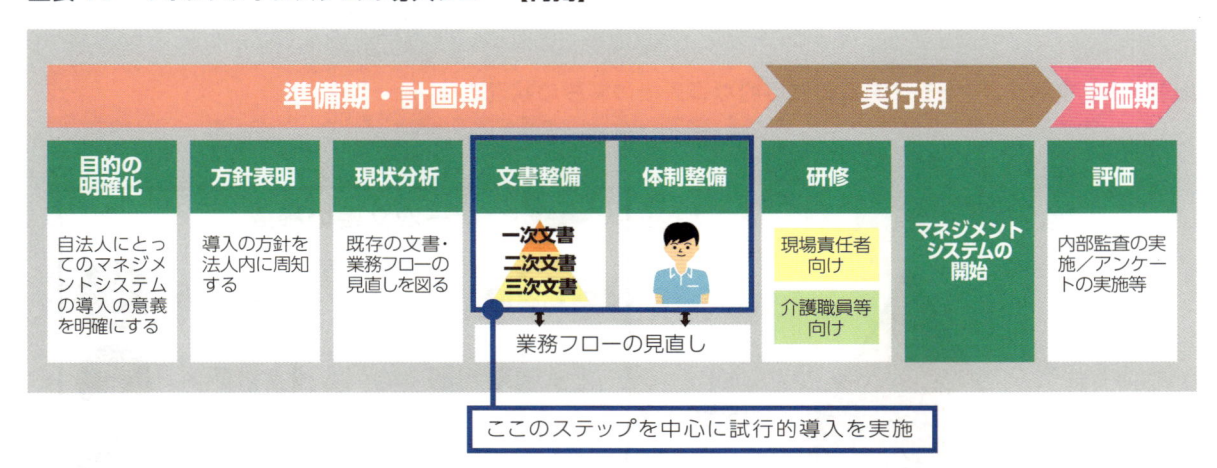

● そこで今回のマネジメントシステムの試行的な導入では、まずは「二次文書」「三次文書」にあたる手順書・記録・様式等の文書を収集・整理・一覧化し、その結果、導入施設に「一次文書（法人の理念・基本方針、実施体制、PDCAの仕組みなどを記載したマネジメントシステムに欠かせない文書）」が存在しないことを確認しました。

図表 12　マネジメントシステムの試行的な導入前の施設の状況

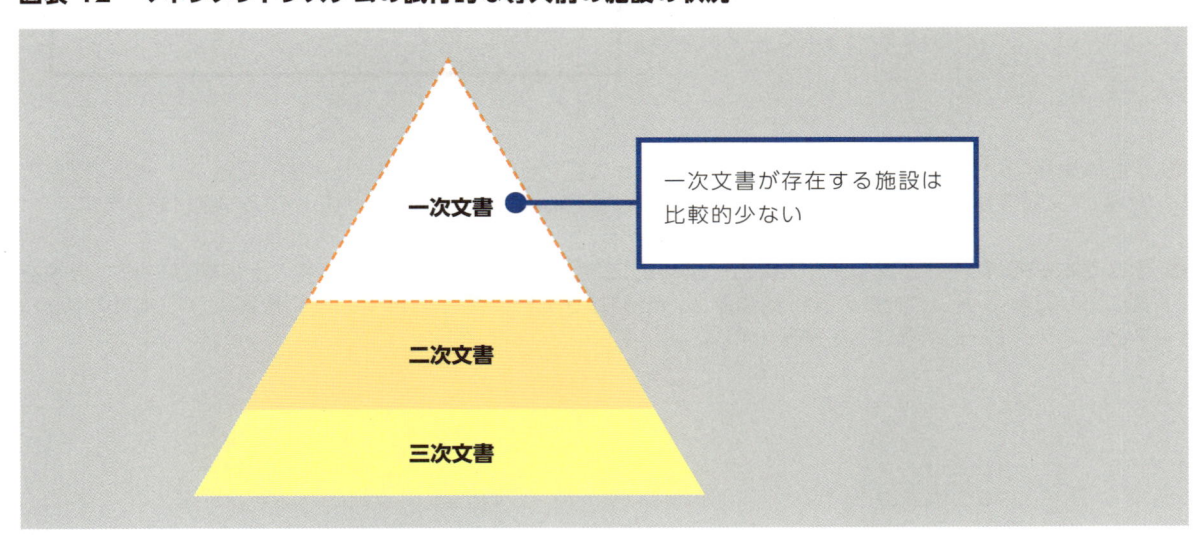

- 施設側と「一次文書」が存在しないことの共有をし、マネジメントシステムを試行的に導入する上では、「一次文書」の作成が必要であることを確認し、事務局にて「一次文書案」を作成しました。
  「一次文書案」は、**3** を参考に作成しました。

- 「一次文書案」の構成は**図表13の❶〜⓫**に示すとおりです。 一次文書案作成の過程において、「文書一覧（ **3** のⅢ「 **8−3** 1 **マニュアル・様式・要領** 」と連動）」「体制図（ **3** のⅢ「 **6** **実施体制** 」と連動）」の作成も行い、「一次文書案」の完成につなげました。施設側の受け入れ状況を鑑みながら進めた結果、一足飛びに「年間計画（ **3** のⅢ「 **7** **計画** 」と連動）」の作成をするには至らず、「年間計画」については、「一次文書案」を踏まえた上で、作成の検討に至りました。

図表 13　マネジメントシステムの試行的な導入後の施設の状況

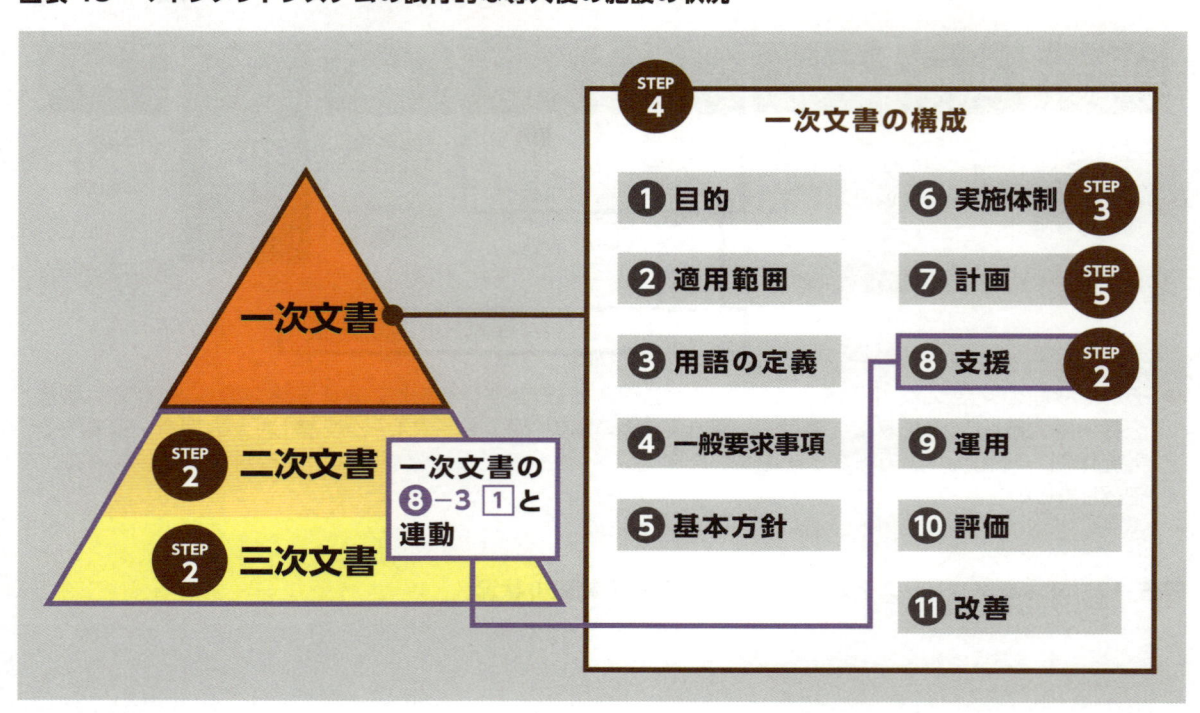

- 今回は事務局が支援する形でマネジメントシステムの試行的な導入を行いましたが、実際のサービス提供の現場で、文書を整理し、これに連動した体制を整備することは、大変時間も労力もかかる作業になります。

- そこで本章では、マネジメントシステムを試行的に導入した施設が直面した、導入上の課題や気づき等を基に、マネジメントシステムの試行的な導入時に欠かせない文書の収集〜一次文書案の作成までのステップと各ステップでのポイントを整理しました。

図表 14　マネジメントシステムの試行的な導入時の実践フロー

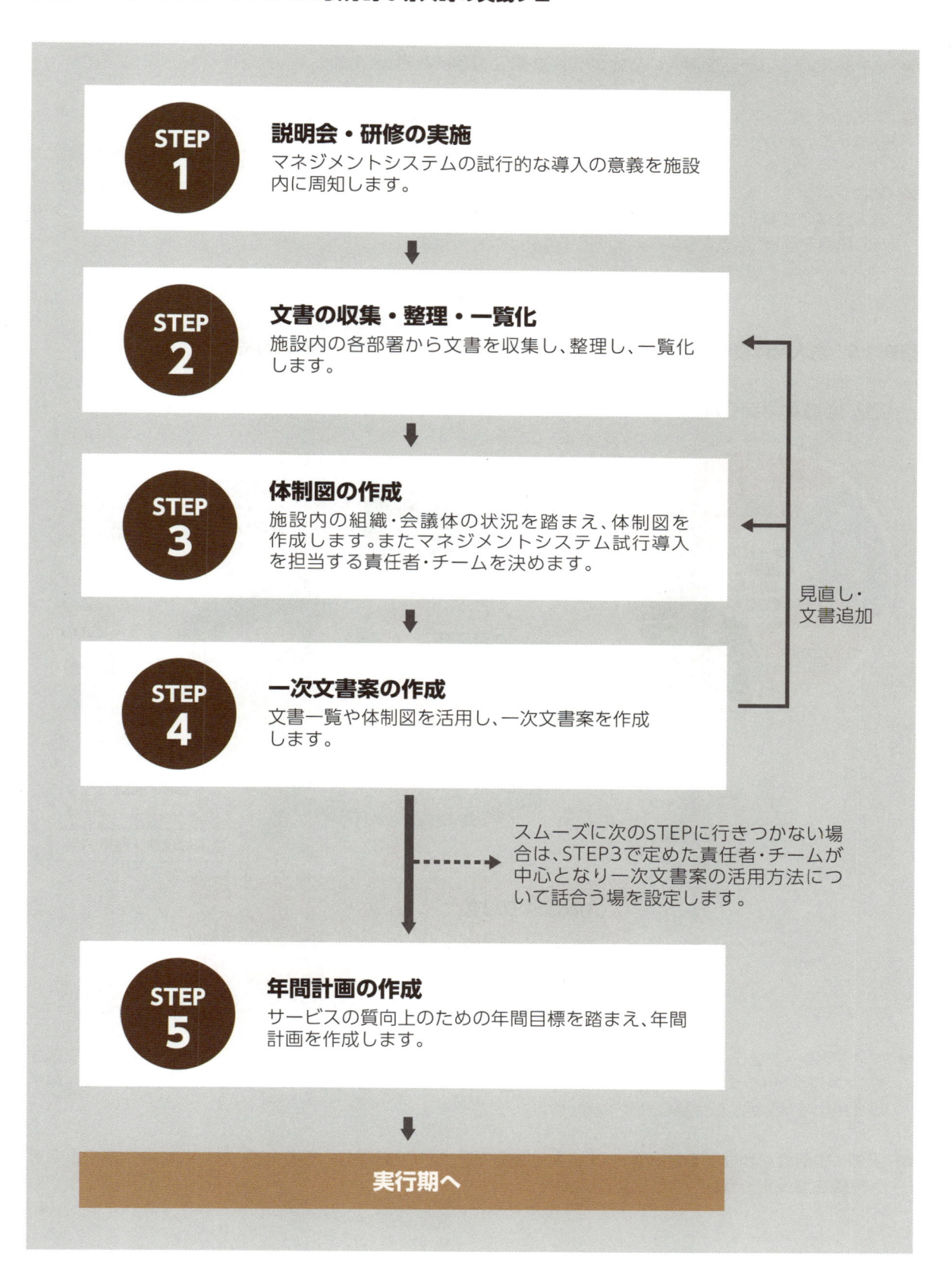

STEP 1　説明会・研修の実施
マネジメントシステムの試行的な導入の意義を施設内に周知します。

STEP 2　文書の収集・整理・一覧化
施設内の各部署から文書を収集し、整理し、一覧化します。

STEP 3　体制図の作成
施設内の組織・会議体の状況を踏まえ、体制図を作成します。またマネジメントシステム試行導入を担当する責任者・チームを決めます。

STEP 4　一次文書案の作成
文書一覧や体制図を活用し、一次文書案を作成します。

見直し・文書追加

スムーズに次のSTEPに行きつかない場合は、STEP3で定めた責任者・チームが中心となり一次文書案の活用方法について話合う場を設定します。

STEP 5　年間計画の作成
サービスの質向上のための年間目標を踏まえ、年間計画を作成します。

実行期へ

I. STEP1 説明会・研修の実施

- マネジメントシステムの導入にあたっては、まず、この目的を明確にしましょう。

- マネジメントシステムとは、方針及び目標を定め、それらを達成するために組織を適切に管理・維持し、改善するための仕組みのことです。

- マネジメントシステムは個別のケアマネジメント（下図の「サービス提供におけるPDCA」）とは異なり、法人全体の組織的な取り組みです。組織的な取り組みとするためには、法人のトップがマネジメントシステムの意義を理解し、法人全体に周知していくことが大切です。

図表 15　法人全体のPDCAとサービス提供における2つのPDCAサイクル【再掲】

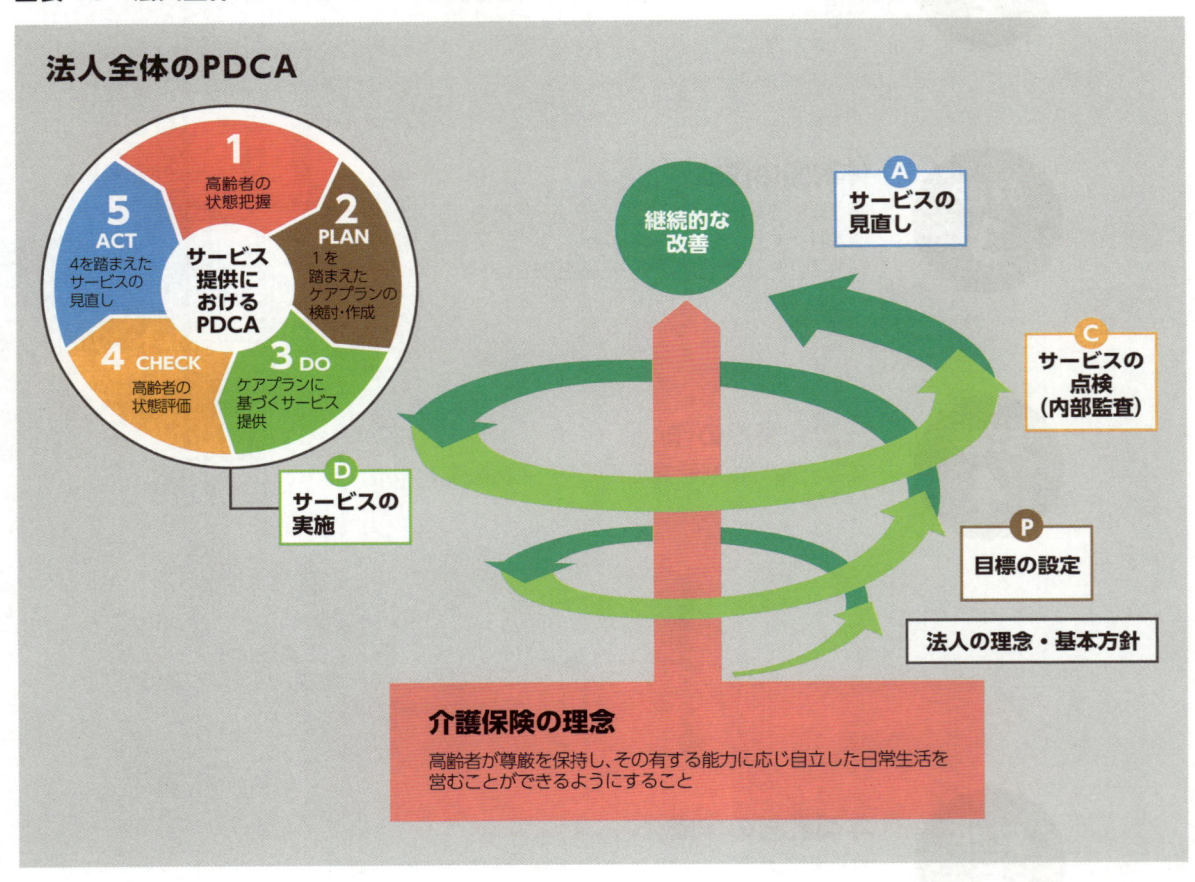

- マネジメントシステム導入といった方針を、表明、周知、浸透させるには、一度の方針表明に留めるのではなく、マネジメントシステム導入の意義について、説明会の開催、研修内容への反映、施設内掲示板等様々な手段を用いて繰り返し伝えましょう。

- 研修・説明会を開催する際には、まず法人・施設の理念の再確認をし、その上で、マネジメントシステムの導入意義を関係者で確認し合うと良いでしょう。

II. **STEP2** 文書の収集・整理・一覧化

文書を収集する

● 文書の収集にあたっては、まず施設内の各部署から、施設の運営及び個別のケアの実施に関わる文書を収集しましょう。

● 一般的に介護保険施設内の組織は看護部・介護部・リハビリテーション部・相談部などの「サービス提供部門」や「事務部門」で分けられますが、いずれの部門・部署も対象に情報を収集します。

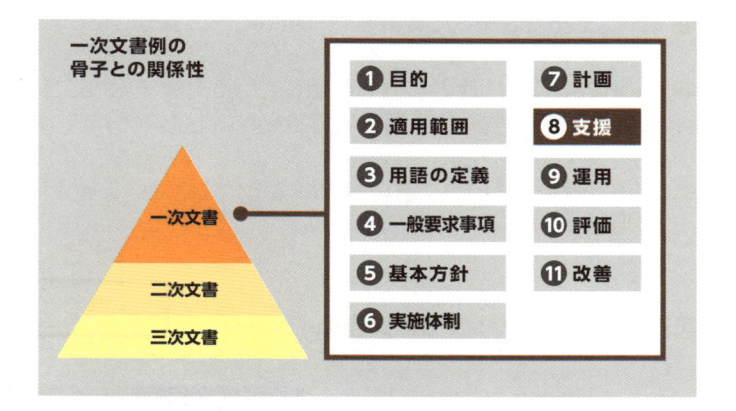

一次文書例の骨子との関係性

一次文書
二次文書
三次文書

❶ 目的　❼ 計画
❷ 適用範囲　❽ 支援
❸ 用語の定義　❾ 運用
❹ 一般要求事項　❿ 評価
❺ 基本方針　⓫ 改善
❻ 実施体制

● 収集する文書は、手順書、基準、記録、掲示、議事録等の全てを収集します。また、電子・紙媒体のいずれも収集しましょう。

● 収集した手順書、基準、記録、掲示、議事録等は前述の「二次文書」もしくは「三次文書」に該当します。

● ISO9001等のマネジメントシステムを導入していない施設のほとんどは「一次文書」に該当する文書がない可能性があります。そのため、後述するように「一次文書」の作成が必要となります（法人理念、運営規定などがあっても、「二次文書」「三次文書」とのつながり・管理ルールが明記されていない場合は「一次文書」とはみなせないことに注意が必要です）。

● 施設によっては文書が大量に存在することから、文書の収集期間を特定の期間で区切り、その期間の中で収集できた文書で **STEP3** に進むという方法も考えられます。

図表 16　収集する文書（例）

> 一次文書が存在する施設は比較的少ない

一次文書		法人の理念・基本方針、実施体制、PDCAの仕組みなどを記載したもの
二次文書		一次文書を受けた、サービス提供の現場でのケアの手順を明記したもの
	手順書	サービス提供等に関わる手順を示した文書・マニュアル （例）褥瘡予防マニュアルなど
	基準	サービス提供に関わる基準を示した文書 （例）ノロウィルス発生時の対応など
三次文書		二次文書を受けた、サービス提供の現場でのケアの記録を記す様式。
	記録	日々の看護・介護記録 （例）看護記録、熱計表、排泄記録／面会票・転室連絡票など
	掲示	施設内で案内・普及・啓発することを目的にした文書・掲示 （例）理美容のお知らせ
	議事録	各種委員会における議事録　（例）口腔栄養委員会の議事概要
	その他	年間スケジュール表、介護報酬請求や加算算定にかかる様式など

文書を整理する

● 次に、上記で収集した文書を1か所にまとめ、整理しましょう。

● 施設によっては「他の部署で使用している文書を見たことがない」といった状況も考えられますので、職員が閲覧できるように、紙媒体で打ち出した上でファイリングするのがお勧めです。

● 施設で保管している文書の多くが電子化されている場合は、ファイリングはせず、パソコン内のフォルダで整理しましょう。

図表 17　ファイリングした文書のイメージ

文書ごとに付箋を貼ると分かりやすいです

文書を一覧化する

● 文書を一覧する際には「文書管理番号」「文書名」「作成・更新主体」「改定日」「配布先」を整理すると良いでしょう。

● まず、以下の文書一覧の「文書名」欄に、収集した手順書、基準、記録、掲示、議事録の全てを記載します。

● 電子媒体で文書を作成している場合は、ファイル名と文書内に記載している文書のタイトルが異なる場合があります。文書一覧を作成する際には、文書内に記載している文書のタイトルを記載しましょう。

図表 18　文書の一覧化のイメージ

文書管理番号	文書名	作成・更新主体	改定日	配布先									
				施設長	事務部長	議長	事務部門		サービス部門				
							管理部	相談部	看護部	介護部	リハ部	栄養部	
1													
2													
3													
4													
5													
6													
7													
8													
9													
10													

文書管理番号	文書名	作成・更新主体	改定日	配布先									
				施設長	事務部長	議長	事務部門		サービス部門				
							管理部	相談部	看護部	介護部	リハ部	栄養部	
1	安全衛生委員会議事録												
2	運営委員会議事録												
3	育休願												
4	育児短時間勤務願												
5	休業手当金支給申請書												
6	慶弔見舞金支給申請書												
7	個人情報保護に関する誓約書												
8	産休願												
9	自己評価シート												
10	実力評価シート（ジュニアコメディカル）												

● その後記載した文書に目を通し、「作成・更新主体」「改定日」「配布先」を記入します。記入の際の留意点は以下のとおりです。

作成・更新主体	個人名ではなく、後述する体制図に記載している部・課・委員会名と紐づけて記載しましょう。
改定日	その文書を改定した日付を記載しましょう。電子媒体の場合はファイルの更新日を記載しましょう。
配布先	その文書を共有する先に「〇」を記載しましょう。 文書の中に以下のような捺印欄がある場合は、仮置きで該当する部・課・委員会に〇を付け、文書一覧ができた段階で文書の共有先を再検討することも有効です。

施設長	事務部長	議長	事務部門		サービス部門			
			管理部	相談部	看護部	介護部	リハ部	栄養部
					〇			

● 文書に目を通し、一覧化することにより、内容に重複のある文書の所在を発見することが可能となります。重複のある文書を発見した場合はいずれかの文書の行を削除しましょう。

● 通常、各施設に存在する全文書を収集・整理・一覧化するには数年かかると言われています。そのため、この文書収集・整理・一覧化を担当する責任者・チームを立て、体制を整えることも重要となります。**STEP3** で体制整備を検討する際に、この点も一緒に検討すると良いでしょう。

● なお、ここで作成する文書一覧は、**3** の**Ⅲ**「**8－3** マニュアル・様式・要領 」と連動します。

Ⅲ. STEP3 体制図の作成

● 文書の収集・整理・一覧化がある程度進んだら、施設内の体制（各部署の役割や委員会など）を踏まえ、体制図を作成しましょう。

● 多くの施設では、褥瘡予防・転倒事故防止等の委員会がありますが、必ずしも文書(情報)の流れや文書(情報)に基づく意思決定のプロセスが明確にされていないと言えます。

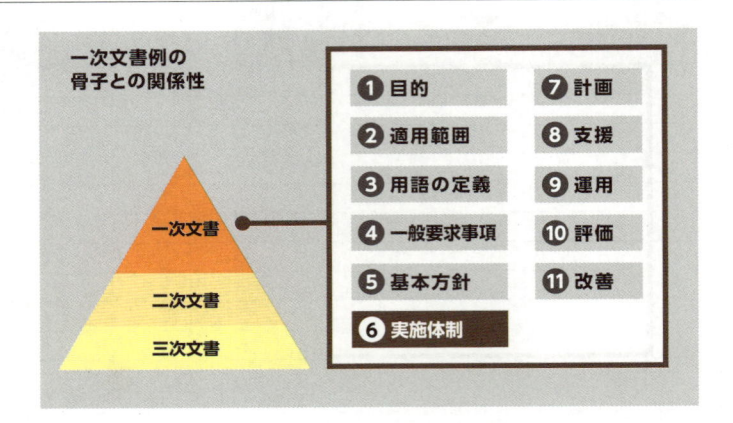

一次文書例の骨子との関係性

一次文書
二次文書
三次文書

❶ 目的	❼ 計画
❷ 適用範囲	❽ 支援
❸ 用語の定義	❾ 運用
❹ 一般要求事項	❿ 評価
❺ 基本方針	⓫ 改善
❻ 実施体制	

図表19　立川介護老人保健施設わかばにおける委員会・会議一覧

> 委員会・会議名、日時、参加者は明記されているが、意思決定のプロセスが明確になっていない。

	月曜日	水曜日
第1週		給食委員会　毎月第1水曜日13:30〜13:45
		安全衛生委員会　毎月第1水曜日13:45〜14:00
		褥瘡対策委員会　毎月第1水曜日14:00〜14:15
		感染対策委員会　毎月第1水曜日14:15〜14:30
第2週		老健施設主任会議　毎月第2水曜日10:00〜11:00
		在宅部門主任会議　毎月第2水曜日11:30〜12:30
		運営会議　毎月第2水曜日14:00〜14:30
		リスクマネジメント委員会　毎月第2水曜日14:30〜14:45
		事故対策委員会　毎月第2水曜日14:45〜15:00
第4週	ボランティア委員会　毎月第4月曜日9:00〜9:30	
	口腔栄養委員会　毎月第4月曜日10:00〜10:30	
	ケアプラン委員会　毎月第4月曜日13:00〜13:30	
	サービス向上委員会　毎月第4月曜日14:00〜14:30	
	事故対策小委員会　毎月第4月曜日15:00〜15:30	
	身体拘束等適正化虐待防止委員会 毎月第4月曜日16:00〜16:30	
	施設パンフレットWG 毎月第4月曜日16:30〜17:00	
		施設全体勉強会　毎月第4水曜日17:30〜18:30

フロアミーティング　毎月1回17:00〜18:00		リハ主任ミーティング　毎週火曜日12:30〜13:00
ナースミーティング　毎月1回17:30〜18:30		リハミーティング　毎月第2・4水曜日12:30〜13:00

(出所)立川介護老人保健施設わかば提供資料

● マネジメントシステムを導入する上では、「体制整備(マネジメントシステムを管理・維持・改善するための体制整備)」が不可欠となり、これらの情報は「一次文書」に記載する内容になります(ここで作成する体制図は **3** のⅢ「 ❻ 実施体制 」と連動します)。

● そのため、マネジメントシステムを試行的に導入するタイミングで、施設内の各部署の役割や委員会の位置づけを改めて整理することがお勧めです。

図表 20　立川介護老人保健施設わかばにおける体制図の見直し

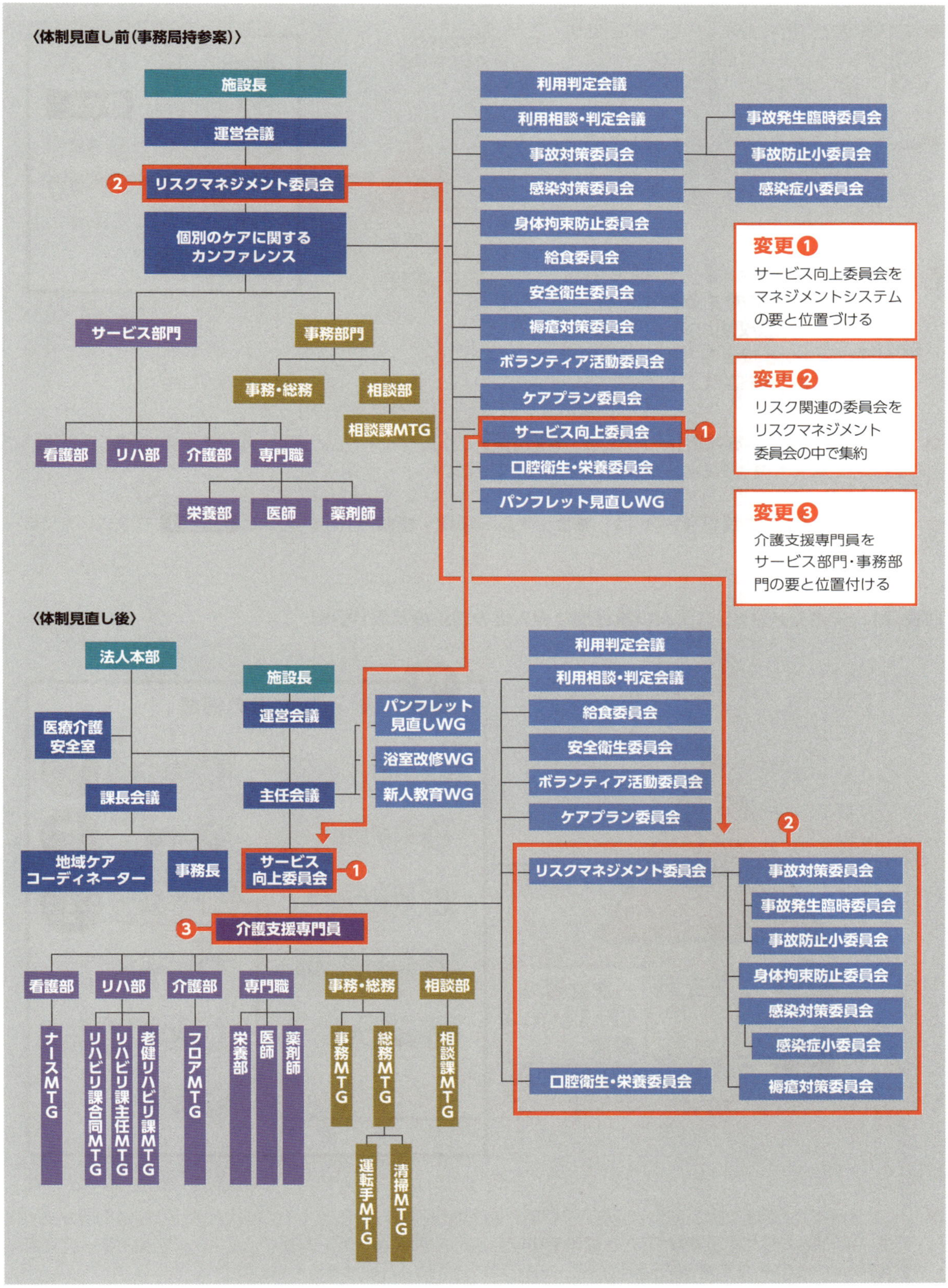

〈体制見直し前（事務局持参案）〉

施設長 — 運営会議 — ❷リスクマネジメント委員会 — 個別のケアに関するカンファレンス

サービス部門 / 事務部門（事務・総務、相談部、相談課MTG）

看護部　リハ部　介護部　専門職（栄養部　医師　薬剤師）

利用判定会議
利用相談・判定会議
事故対策委員会 — 事故発生臨時委員会／事故防止小委員会／感染症小委員会
感染対策委員会
身体拘束防止委員会
給食委員会
安全衛生委員会
褥瘡対策委員会
ボランティア活動委員会
ケアプラン委員会
サービス向上委員会 ❶
口腔衛生・栄養委員会
パンフレット見直しWG

変更 ❶ サービス向上委員会をマネジメントシステムの要と位置づける

変更 ❷ リスク関連の委員会をリスクマネジメント委員会の中で集約

変更 ❸ 介護支援専門員をサービス部門・事務部門の要と位置付ける

〈体制見直し後〉

法人本部 — 医療介護安全室 — 課長会議 — 地域ケアコーディネーター／事務長

施設長 — 運営会議 — 主任会議（パンフレット見直しWG／浴室改修WG／新人教育WG）

サービス向上委員会 ❶
❸介護支援専門員

看護部（ナースMTG）　リハ部（リハビリ課合同MTG／リハビリ課主任MTG／老健リハビリ課MTG）　介護部（フロアMTG）　専門職（栄養部　医師　薬剤師）　事務・総務（事務MTG／総務MTG／運転手MTG／清掃MTG）　相談部（相談課MTG）

利用判定会議
利用相談・判定会議
給食委員会
安全衛生委員会
ボランティア活動委員会
ケアプラン委員会

❷リスクマネジメント委員会 — 事故対策委員会／事故発生臨時委員会／事故防止小委員会／身体拘束防止委員会／感染対策委員会／感染症小委員会／褥瘡対策委員会
口腔衛生・栄養委員会

Ⅳ. STEP4 一次文書案の作成

- これまでのSTEPを基に「一次文書案」を作成しましょう。構成は図表21の **①** 〜 **⑪** に示すとおりです。

- なお、一次文書案のひな形は、**3** を活用してください。介護保険施設におけるマネジメントシステムの一次文書例が記載されています。

- 構成のうち、「 **①目的** 」〜「 **⑤マネジメントシステムに関する基本方針** 」／「 **⑨運用** 」〜「 **⑪改善** 」については、手引きに記載している「作成上のポイント」を参考に、施設の基本情報を落とし込んでください。

- 構成のうち、「 **⑥実施体制** 」については、**STEP3** で作成した体制図と連動していますので、体制図に沿った形で、各組織・会議体の役割・構成員等を記載してください。

- 構成のうち、「 **⑧支援（ ⑧-3 1 マニュアル・様式・要領 ）** 」については、**STEP1** で作成した文書一覧と連動しています。

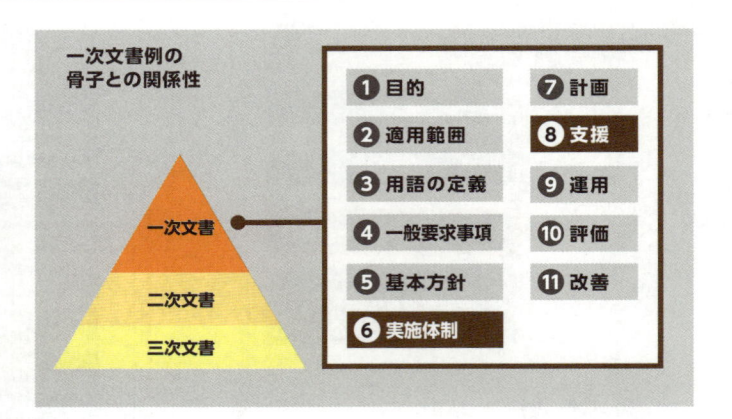

図表 21　マネジメントシステムの試行的な導入後の施設の状況【再掲】

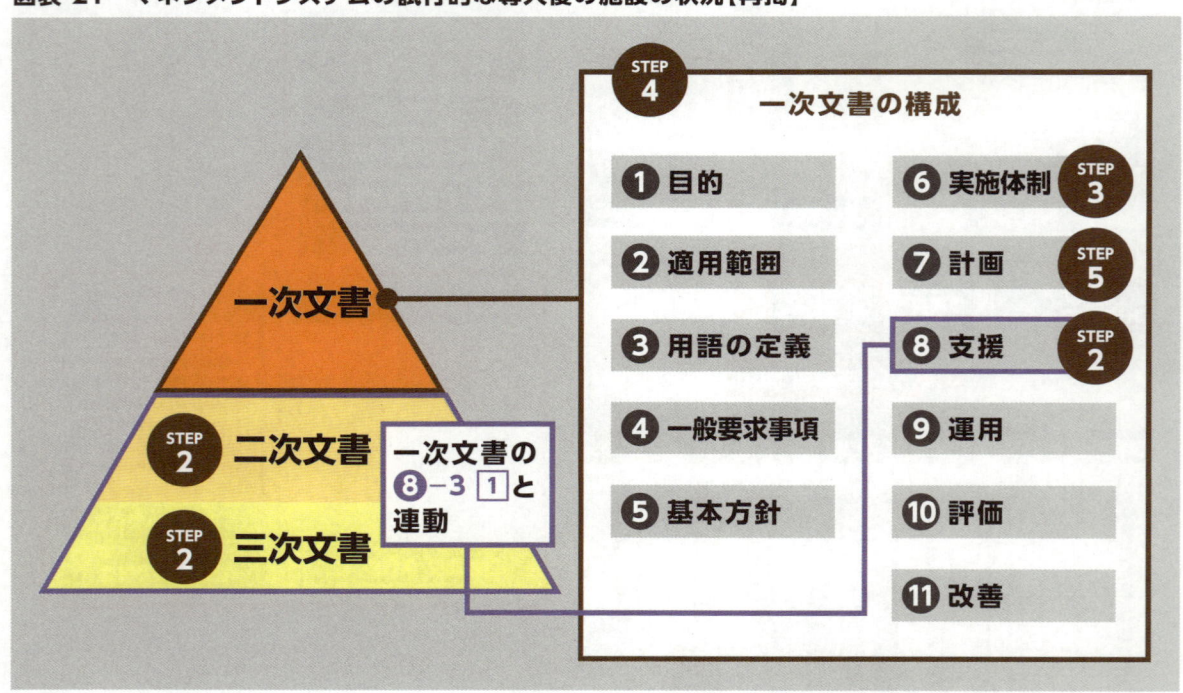

- 「一次文書案」ができたところで、次のSTEPである「年間計画の作成」に行きつく施設とそうでない施設があり得ますが、まずは「一次文書案」ができた段階でP47で定めた責任者・チームが中心となって、施設で一次文書案を共有し、今後の一次文書案の活用方法について話し合う機会を設けることも一案です。

V. STEP5 年間計画の作成

- 「準備期」の最後のステップとして、「一次文書案」のうち、まだ作成していない年間計画を作成しましょう（ここで作成する体制図は **3** の**Ⅲ**「 **7** **計画** 」と連動します）。

- マネジメントシステムとは、方針及び目標を定め、それらを達成するために組織を適切に管理・維持し、改善するための仕組みのことで、導入することにより下図のようなメリットが得られる可能性があります。

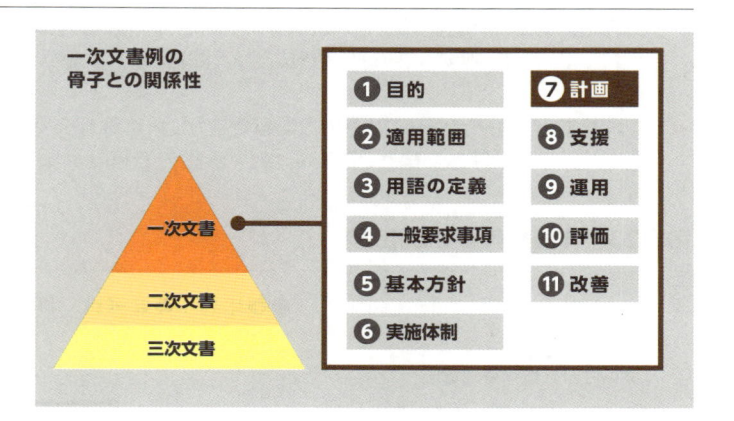

一次文書例の骨子との関係性

① 目的	⑦ 計画
② 適用範囲	⑧ 支援
③ 用語の定義	⑨ 運用
④ 一般要求事項	⑩ 評価
⑤ 基本方針	⑪ 改善
⑥ 実施体制	

一次文書
二次文書
三次文書

図表 22　マネジメントシステム導入のメリット【再掲】

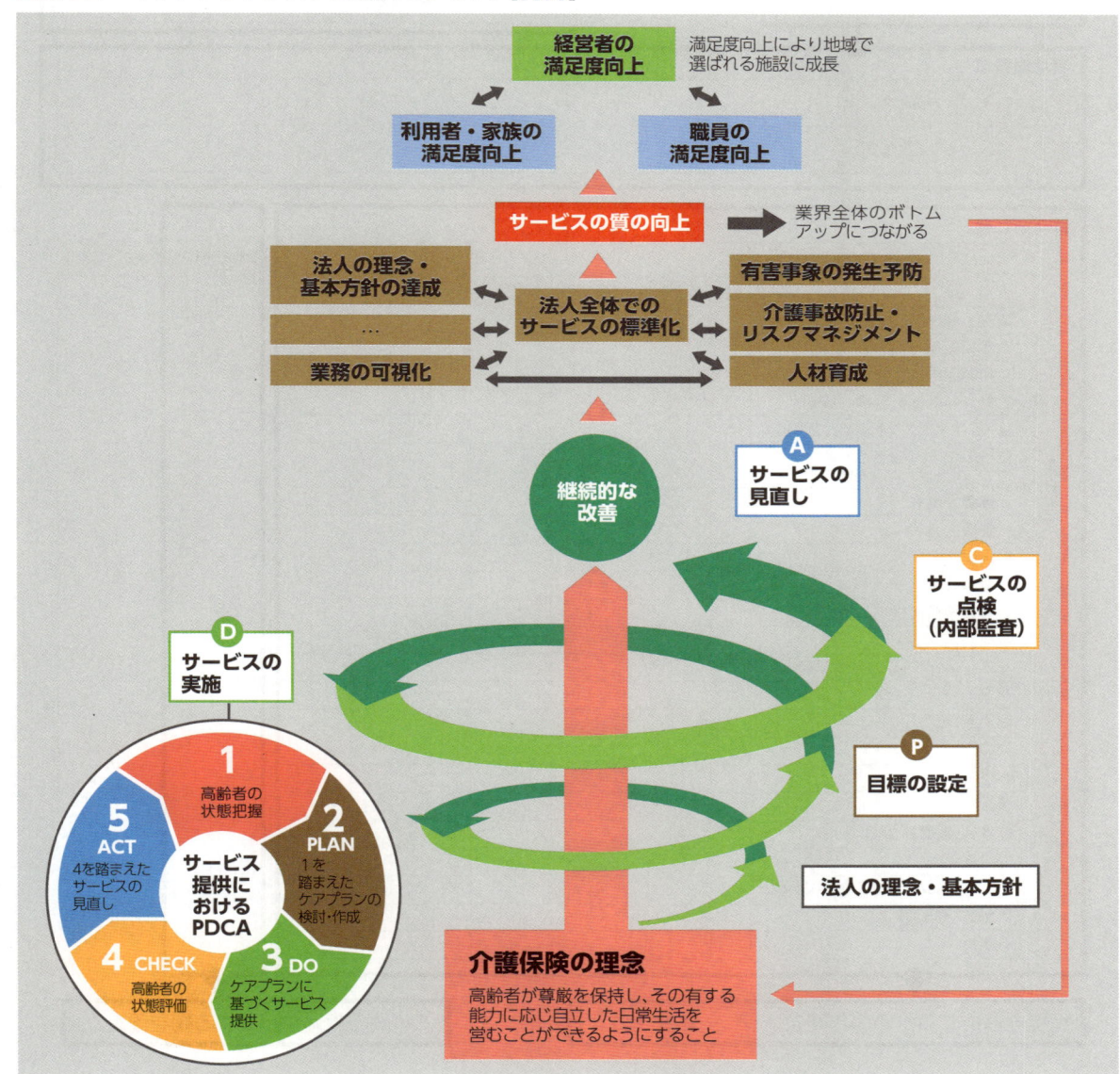

- そのため、年間計画の作成にあたっては、図表22のメリットを念頭に、何を目的としてマネジメントシステムを導入するのかを施設内で検討し、後に評価できるような形で目標を立て、その目標を盛り込んだ形での年間計画を作成することが重要です（年間計画・年間目標の評価方法については、**3** の**Ⅲ**「**11** **改善**」に記載されています）。こうした施設内での共有方法としては、研修をワークショップ形式で開催するのも一案です。

- 年間計画のひな形（例）は以下のとおりですが、新たな様式を作るのではなく、各施設において作成している年間スケジュール等の文書を活用しながら、施設内で年間計画を作成しましょう。

図表23　年間計画のひな形（例）

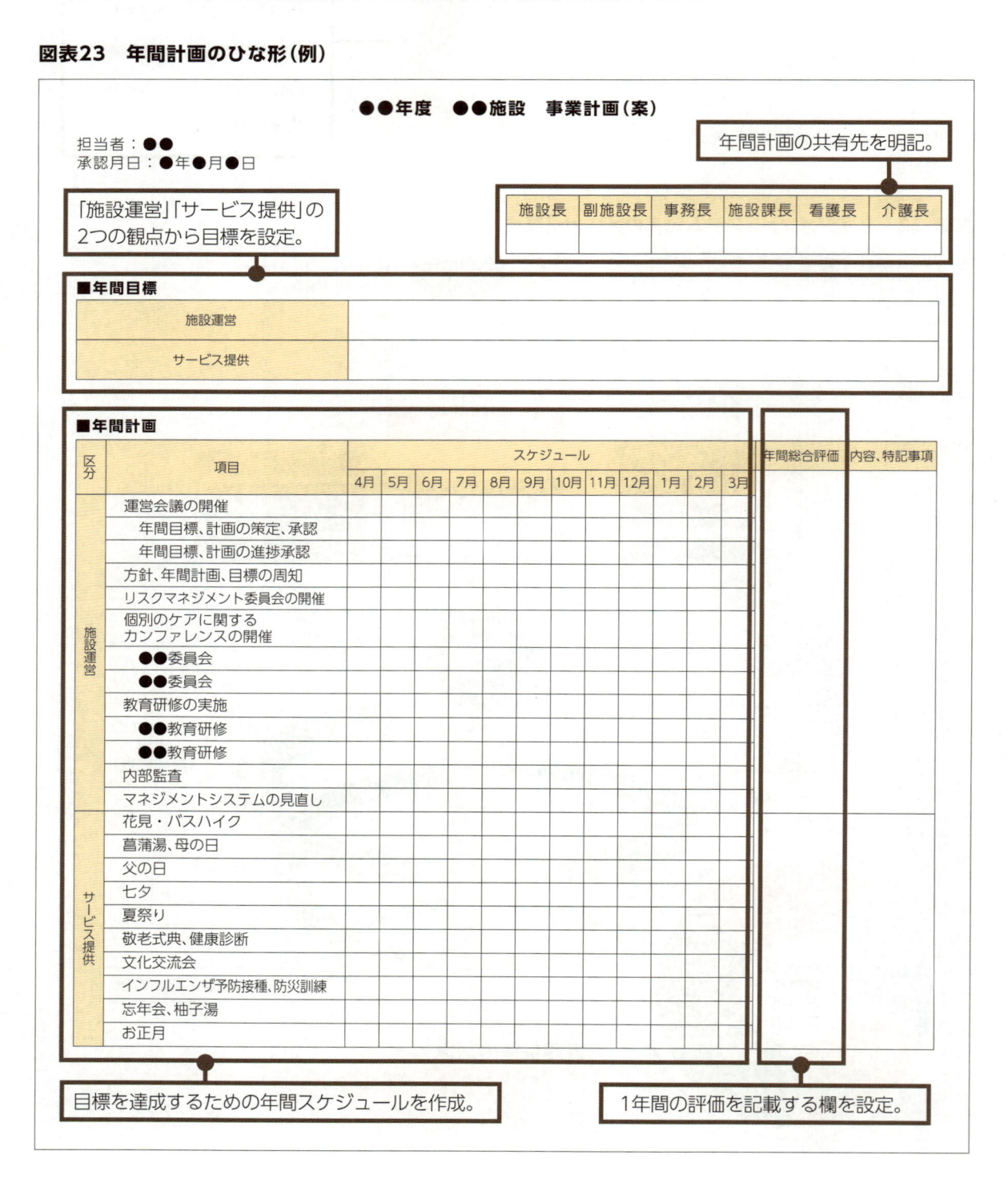

VI. 準備期・計画期に係る工数（参考）

● 実際のサービス提供の現場で、文書を整理し、これに連動した体制を整備することは、大変時間も労力もかかる作業になります。以下は、今回マネジメントシステムを試行的に導入した施設が、各ステップの中で実施する作業項目の工数を整理したものです。

作業項目		工数（人日）※目安
STEP1：説明会・研修の実施		
☐ 説明会・研修の日程調整	施設内でマネジメントシステムの試行的な導入を行う説明会・研修の日程調整を行う。	30
☐ 説明会・研修のプログラム検討	説明会・研修のプログラムを検討する。	
☐ 説明会・研修の資料作成	説明会・研修のプログラムに沿った資料（アンケート含む）を準備する。	
☐ 説明会・研修当日	説明会・研修を実施する。終了後にアンケートを実施する。	
☐ 説明会・研修のアンケート入力・分析	説明会・研修のアンケートを入力・集計し、文書管理に関する職員の意向、抱えている課題を把握する。	
STEP2：文書の収集・整理・一覧化		
☐ 施設内の文書の棚卸	各課から文書（手順書、基準、記録、掲示、議事録等）を収集する（電子媒体・紙媒体の両方）。	100
☐ 文書のファイル保存	上記文書のうち電子媒体のファイルをパソコンのフォルダ内で整理する。	
☐ 文書の打ち出し	上記文書のうち紙媒体のファイルをファイリングする。	
☐ 文書の読み込み	上記文書の全体を確認し、どのような文書が施設にあるかを把握する。	
☐ 文書一覧の作成（文書名記入）	文書一覧のひな形に「文書名」を記載する。	
☐ 文書一覧の作成（文書名以外の記入）	文書一覧のひな形に「文書名」以外を記載する。※どこに抜け漏れがあるかを確認するため、この時点で抜け漏れがあってもよしとする。	
☐ 文書一覧の重複・抜け漏れ確認	文書一覧の重複・抜け漏れを確認する。	
STEP3：体制図の作成		
☐ 文書内の組織情報の読み込み	施設内の現体制図・委員会情報を記載した文書の内容を確認する。	20
☐ 体制図の作成	上記を基に意思決定のプロセスが明確になるように体制図を作成し直す。	
☐ 責任者・チームの決定	文書収集・整理・一覧化を担当する責任者・チームを体制図に組み込む。	
☐ 体制図の職員への確認・見直し	上記体制図が実際のサービス提供の場に合うかどうか職員に確認を行う。	
☐ 体制図案の修正	上記を踏まえ体制図を修正する。	
STEP4：一次文書案の作成		
☐ 一次文書ひな形への施設の基本情報の落とし込み	一次文書構成のうち、「1目的」～「5マネジメントシステムに関する基本方針」／「9運用」～「11改善」について、施設の基本情報を落とし込む。	20
☐ 体制図との整合確認	一次文書構成のうち、「6実施体制」について、作成した体制図との整合性を確認する。	
☐ 文書一覧との整合確認	一次文書構成のうち、「8支援（8.3.1マニュアル・様式・要領）」について、作成した体制図との整合性を確認する。	
STEP5：年間計画の作成		
☐ 年間目標の設定	責任者・チームが中心となり、年間目標について検討する。	20
☐ 年間計画の作成	上記目標を年間計画に落とし込む。	
☐ 一次文書との整合確認	年間計画は、一次文書構成のうち、「7計画」と連動するため、作成した年間計画と一次文書との整合性を確認する。	
☐ 施設内での共有	作成した一次文書案を施設内で共有する。	
	計	190　人日

5 マネジメントシステムの導入事例：立川介護老人保健施設わかば

I.施設の基本情報

● 立川介護老人保健施設わかばは、東京都立川市に所在する医療法人社団東京石心会傘下の介護老人保健施設です。法人内には訪問看護ステーションなど他の介護サービスの他、近隣の無床診療所である立川新緑クリニック等、いくつかの医療機関があります。

● 地域ケアコーディネーターという役職が、施設運営に対して部門横断的に関与し、運営の方向性は事務長や地域ケアコーディネーターが中心となっていることが特徴として挙げられます。

● 平成30年度は新たな施設長を迎え、満床とすることを最優先とする計画を立てると共に、主任レベルで多くの意思決定をできる形に組織図を変更し、現場主体での運営を目指しています。以前、文書様式の統一を施設単体で試みましたが、うまくいかなかったことがあり、このような背景の下に今回マネジメントシステムの試行導入に至りました。

図表 24　施設の基本情報（公表日：2018年8月31日）

法人・施設名	医療法人社団東京石心会　立川介護老人保健施設わかば
所在地	東京都立川市
定員（介護老人保健施設）	100名
法人等が実施するサービス（または、同一敷地で実施するサービスを掲載）	介護老人保健施設、 （介護予防）通所リハビリテーション、（介護予防）短期入所療養介護、 介護予防支援・居宅介護支援、（介護予防）訪問介護　など
要介護度別入所者数（介護老人保健施設）	要介護1：24名　　要介護2：19名 要介護3：20名　要介護4：33名 要介護5：6名
職員数（実人数）	75名 □ 医師：常勤1名 □ 薬剤師：常勤1名 □ 看護職員：常勤6名、非常勤10名 □ 介護職員：常勤26名、非常勤7名 □ 支援相談員：常勤1名 □ 理学療法士：非常勤2名 □ 作業療法士：常勤2名 □ 言語聴覚士：常勤1名 □ 管理栄養士：常勤1名 □ 介護支援専門員：常勤2名 □ 事務員：常勤3名 □ その他の従事者（清掃・介護補助）：常勤1名、非常勤11名

(出所)「介護サービス情報公表システム」(厚生労働省) (http://www.kaigokensaku.mhlw.go.jp/)を基に株式会社三菱総合研究所作成

● 立川介護老人保健施設わかばの組織図は以下のとおりです。同一敷地内には下図の部署のような様々な
サービス(クリニック除く)が併設されており、これらの運営の方向性の検討は事務長や地域ケアコーディ
ネーターが中心となっています。

図表 25　法人内組織図

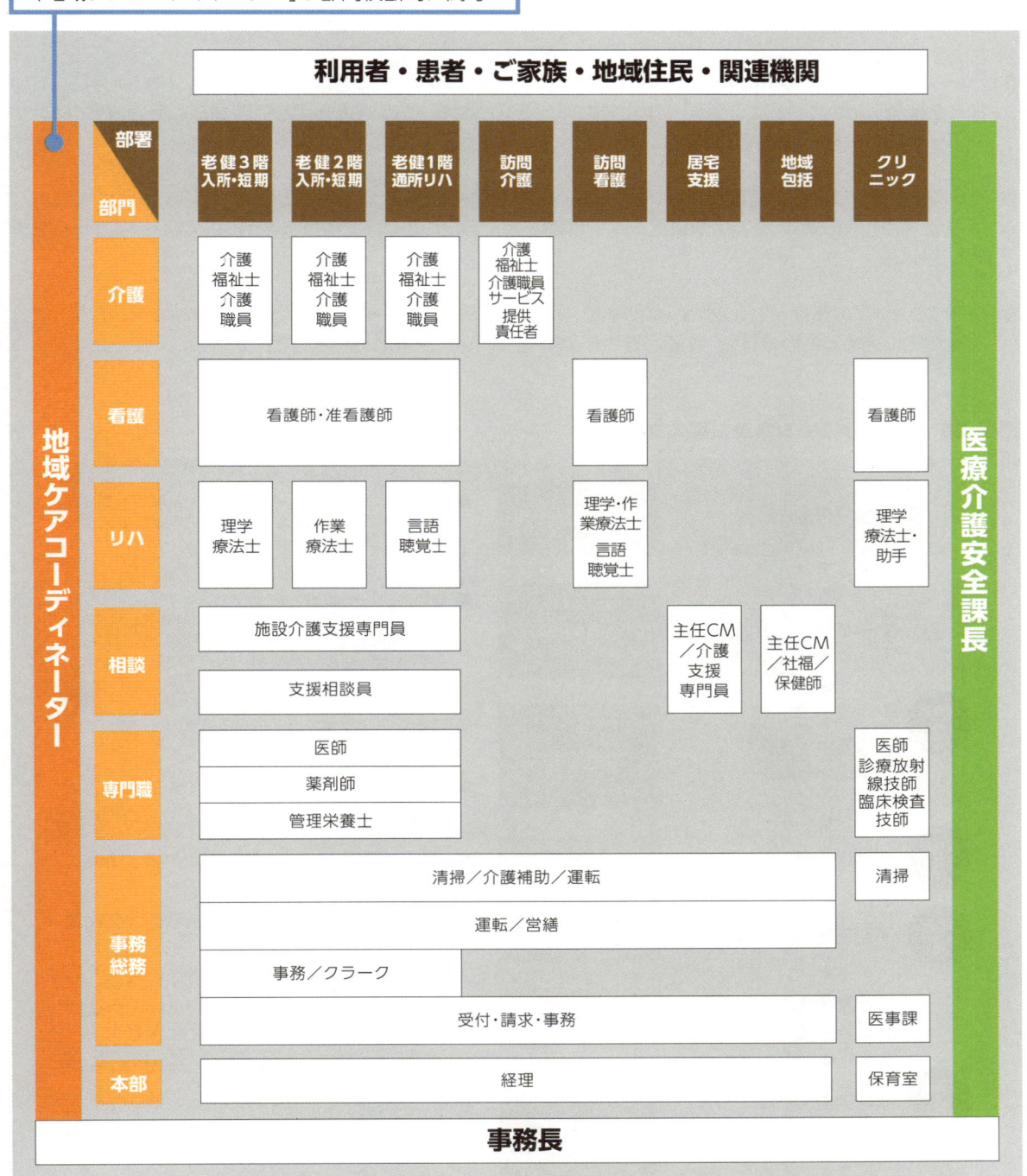

(出所)立川介護老人保健施設わかば提供資料を株式会社三菱総合研究所で一部改変

II.マネジメントシステムの導入フロー

● マネジメントシステムの試行的な導入フローは大きく準備期・計画期、実行期に分けられますが、今回は主に準備期・計画期の内容を実施しました。

● まず、地域ケアコーディネーターと事務長が主体となって説明会を開催し、職員からマネジメントシステムの試行導入実施の承認を得ました。その後、ベースライン調査として事務局が事前アンケート調査と現場職員への聞き取り調査を実施し、施設運営や業務の現状と課題について把握しました。

● ベースライン調査の後、事務局で現場で利用されている文書をもとに整理を行い、「一次文書」が存在しないことを確認した上で、一次文書案と体制図の作成を行った後、その結果判明した課題などを施設側(地域ケアコーディネーター)と共有しました。

● その後、主任クラスの現場職員向けのワークショップを開催しました。ワークショップ当日の講師は有識者及び事務局が担い、マネジメントシステムへの理解を進めるための講義、発想法を用いたグループワークを実施しました。

● ワークショップの後は、ワークショップに参加した職員と振り返りミーティングを行い、マネジメントシステムを具体的に進めるための体制、年間目標や年間計画について議論を行いました。

図表 26　マネジメントシステム導入フロー

III. 準備期・計画期の実施内容

❶ 説明会・研修の実施（平成30年8月下旬〜9月）

● マネジメントシステムの試行導入について、8月の下旬に各課の課長6名が出席する課長会議で検討後、翌月開催された主任クラス14名による主任会議にて地域ケアコーディネーターがマネジメントシステム試行導入の同意を得ました。この結果を、施設長、事務長など施設運営のトップを含む16名が出席する同月の運営会議にて報告しました。運営会議の会議録を全職員に回覧し、施設内で周知しました。

❷ ベースライン調査の実施（平成30年9月18日）

● ベースライン調査に先立って事前アンケート調査を行いました。その上で、ベースライン調査として、施設職員への聞き取り調査を実施しました。事前アンケート調査では事務長、地域ケアコーディネーターを対象に、施設をマネジメントする上で抱える課題やマネジメントシステムに対する期待、文書システムの現状、委員会の現状に関する情報を把握しました。

● その結果、現在の施設長が就任してから運営の体制を変更し、主任クラスの現場職員による意思決定を可能としたことが奏功していますが、今後より一層効率的な委員会運営が課題であり、マネジメントシステム導入により現行の体制を維持、発展させることへの期待があることが分かりました。事前アンケート調査の詳細な結果は下記のとおりです。

図表 27　事前アンケート調査結果

項目	内容
施設をマネジメントする上で抱える課題	■ 現在主任会議で意思決定を行っている。職員の士気は高まり利用者も満床となったが、法令に沿った運営が出来ているか、**委員会の内容が重複して非効率になっていないか**等、裏づけをしっかりしていく必要性を感じている。
マネジメントシステムに対する期待	■ **現場主体で運営する事でとても良い効果が生まれるため、この体制を維持**発展して行く為の方向性を得たい。
文書システムの現状	■ 業務マニュアル文書（介護・看護・事務・リハ・清掃） ■ 業務報告文書（ヒヤリハット報告書・事故報告書・研修報告書） ■ 事務系文書（通勤申請書・経費精算明細書・研修許可願・備品請求伝票他） ■ 人事評価文書（人事評価シート・人事評価基準）
委員会の現状	■ リスクマネジメント委員会、事故対策委員会、感染対策委員会、身体拘束防止委員会、給食委員会、安全衛生委員会、褥瘡対策委員会、ボランティア委員会、ケアプラン委員会、サービス向上委員会、口腔栄養委員会、運営会議、フロアミーティングが文書中で規定されている。

● 上記の事前アンケート結果を踏まえ、施設長及び各部署の主任クラスの現場職員を対象にマネジメント上の課題及び各担当の実施業務の現状と課題等についてベースライン調査を行いました。

● 聞き取りは部署ごと（事務長・地域ケアコーディネーター、事務部・総務部、相談部、看護部、リハ部、介護部、専門職（栄養部））に、各主任クラスを対象に15分程度、計3時間実施しました。ベースライン調査では、上記の事前アンケート調査で挙げられた課題に加え、研修や日常業務の文書化、会議体の機能の重複、人事評価基準の統一などの課題が挙げられました。各職種の聞き取り内容は図表 28のとおりです。

図表 28　ベースライン調査結果

職種	文書管理等に関する課題
事務長 地域ケア コーディネーター	■ **地域ケアコーディネーターという部門横断的に施設運営を把握する役職**が設置されている。 ■ 文書や委員会の体制はかなり整備されているが、**会議体の機能の重複や、人事評価基準の統一が課題**と感じている。
事務・総務	■ 報酬請求、給与計算、受付業務のほか、現場業務への理解を深めるため、各種委員会での議事録を担当している。 ■ 9月に入職した1名も含めた3名体制で法人内のクリニック以外の報酬請求業務を行っており、毎月、給与の締日直前やサービス提供実績の確認が発生する時期が非常に多忙になることが課題。
相談部	■ デイケアも含めた入退所の管理やケアプランの作成を実施している。 ■ 在宅復帰率に関する**目標の共有や、課内で実施する勉強会の年間計画の形骸化が課題**。
看護部	■ デイケアも含めた看護業務を実施。手順書を看護主任が作成している。 ■ 手順書の作成が新人研修のタイミングのみであり、**明文化されていない手順があることや、作成した手順書一覧を管理する人が定められていないことが課題。また、文書を施設内で統一の様式で整備しようと試みたが、うまくいかなかったことがある。**
リハ部	■ PT、OT、STの3職種それぞれに副主任がいる。施設内の他サービスや近接する法人内診療所も兼務している。 ■ **手順書に明文化されていない業務**があること、申し送りや手順の共有に利用するSNSアプリの投稿内容と、紙の文書と連動できていないことが課題。
介護部	■ 入所サービスは2階と3階で、フロアで担当職員が分かれており、業務の手順や手順書の様式が異なる。 ■ **運営規定が明文化されていない委員会の存在や、新人研修以外のタイミングで、日常業務に関する文書の一覧を作成・閲覧しないことが課題。**
専門職（栄養部）	■ 栄養主任1名のみが勤務。厨房業務は委託であり、栄養マネジメントが主な業務である。 ■ 一人しかいないため、手順書はない。また、一人でほぼ全ての委員会に出席している。

③ 文書の収集・整理・一覧化（平成30年9月下旬）

● 上述の調査を経た後、現場で現在使用されている文書の大半は電子ファイルで管理されているため、ファイル一式を、施設内のパソコンに共有のためのフォルダを部署ごとのフォルダに作成し、そこに各部の主任がファイルを保存し、地域ケアコーディネーターが集約しました。収集した文書については、事務局において整理・読み込みを行いました。その結果、立川介護老人保健施設において、「一次文書」が存在しないことを確認した上で、収集した文書一式を一覧化しました（その際、議事録や、複数のバージョンが存在する文書は最新版のみを残しました）。整理した文書一覧は以下のとおりです。

● 文書を読み込んだ上で、文書管理に必要な情報と考えられた「文書管理番号」「文書名」「作成・更新主体」「改定日」「配布先」を整理しました。これらの情報の多くは文書を読み込んだだけでは分からない状況であったため、文書に記載されていない項目については地域ケアコーディネーターを通じて各部署への確認をしましたが、それでも埋まらない情報が散見されました。

● 通常、各施設に存在する全文書を収集・整理・一覧化するには相応の時間が必要になるとの有識者の助言に基づき、以下の空欄箇所については、今後施設側で確認を続けてもらう整理としました。

図表 29 文書一覧案

文書管理番号	文書名	作成・更新主体	改定日	施設長	事務部長	議長	事務部門 管理部	事務部門 相談部	サービス部門 看護部	サービス部門 介護部	サービス部門 リハ部	サービス部門 栄養部
1	安全衛生委員会議事録	安全衛生委員会	2018年9月5日									
2	運営委員会議事録	運営会議	2018年8月8日									
3	育休願	該当職員	2009年4月1日									
4	育児短時間勤務願	該当職員	2009年4月1日									
5	休業手当金支給申請書	該当職員	2009年4月1日									
6	慶弔見舞金支給申請書	該当職員	2009年4月1日									
7	個人情報保護に関する誓約書	該当職員	2009年4月1日									
8	産休願	該当職員	2009年4月1日									
9	自己評価シート	該当職員	2018年9月16日									
10	実力評価シート（ジュニアコメディカル）	該当職員	2009年4月1日									
11	実力評価シート（スタッフ・介護系）	該当職員	2009年4月1日									
12	実力評価シート（ジュニアナース・スタッフナース）	該当職員	2009年4月1日									
13	実力評価シート（ジュニア事務系・スタッフ事務系・チーフ事務系）	該当職員	2009年4月1日									
14	申請書及び変更届	該当職員	2015年3月2日									
15	身元保証書	該当職員	2009年4月1日									
16	誓約書	該当職員	2009年4月1日									
17	退職届（契約期間満了退職の場合）	該当職員	2009年4月1日									
18	退職願	該当職員	2009年4月1日									
19	退職後の連絡先	該当職員	2009年4月1日									
20	退職時の確認事項	該当職員	2009年4月1日									
21	通勤申請書	該当職員	2009年4月1日									
22	送迎届	該当職員	2018年6月1日									
23	遅刻早退届出書（常勤用）	該当職員	2018年5月11日									
24	遅刻早退届出書（非常勤用）	該当職員	2018年8月10日									
25	駐車場臨時使用申請書	該当職員	2018年6月1日									
26	弔辞届出書	該当職員	2018年6月1日									
27	通勤交通費支給申請書	該当職員	2018年6月1日									
28	通常外勤務申請書	該当職員	2018年4月1日									
29	転室連絡票	該当職員	2005年10月27日									
30	立川介護老人保健施設わかば 日直日誌	該当職員	2018年4月10日									
31	備品・職員用品・グラブ用品ほか請求伝票	該当職員	2018年6月1日									
32	報連相シート	該当職員	2018年6月16日									
33	昇格・昇進推薦書	課長	2009年4月1日									
34	利用者からの預かり物の管理	看護主任	2018年7月24日									
35	目薬・軟膏・内服薬など、施設内臨時薬剤票を使用しないで薬を取り寄せる場合	看護主任	2018年7月24日									
36	臨時薬	看護主任	2018年7月24日									
37	薬剤の中止・指示変更	看護主任	2018年7月24日									
38	配薬引き出しから一日分の薬剤を用意する	看護主任	2018年7月24日									
39	処方チェック：定期処方・プラセボ・定期外用薬・頓用薬の追加	看護主任	2018年7月24日									
40	持参薬から施設内処方薬への切替	看護主任	2018年7月24日									
41	持参薬がなくなるなど薬剤票の作成が必要となったときの手順・定期処方	看護主任	2018年7月20日									
42	ワイズマンシステムでの業務	看護主任	2018年1月15日									
43	爪切り物品の管理／爪切り／爪切りの管理方法	看護主任	2015年6月11日									
44	手順書（急変時対応）	看護主任	2015年3月5日									
45	手順書 浴室掃除感染対策（ノロ）処置について情報共有 検体採取 静脈血採血 配薬 ショートステイ受け入れの業務（看護師）入所受け入れの業務（看護師）施設医指示の受け方 受診予定情報の管理	看護主任	2015年1月2日									
46	エアーマットの使用について	看護主任	2009年9月20日									
47	処置有効一覧印刷方法	看護主任	2016年5月20日									
48	処置（システムの利用手順）	看護主任	2018年5月19日									
49	吸入マニュアル（酸素吸入）	看護主任	2008年9月6日									
50	吸入マニュアル（ネブライザー）	看護主任	2008年9月6日									
51	吸入マニュアル（鼻腔・口腔）	看護主任	2008年9月22日									
52	ペースメーカー管理マニュアル	看護主任	2018年5月18日									
53	ストマ管理マニュアル	看護主任	2008年9月6日									
54	与薬	看護主任	2008年7月15日									
55	夜間急変時マニュアル（別紙1）	看護主任	2015年1月11日									
56	酸素ボンベの発注	看護主任	2013年9月13日									
57	新人研修チェックリストNs	看護主任	2016年9月20日									
58	誤薬を防止しよう！	看護主任	2008年5月20日									
59	NSに報告すること	看護主任	2013年10月6日									
60	廃棄物の分別について	看護主任	2009年10月9日									

配布先

空欄箇所については施設で確認

文書管理番号	文書名	作成・更新主体	改定日	配布先								
				施設長	事務部長	議長	事務部門		サービス部門			
							管理部	相談部	看護部	介護部	リハ部	栄養部
61	医師不在時指示	看護主任	2016年8月5日									
62	医師不在時の定時指示	看護主任	2018年9月18日									
63	バイタルサインの変化でDrに報告する場合	看護主任	2013年8月15日									
64	手順書（書式・原本）持参薬チェック表	看護主任	2015年2月17日									
65	検査関連物品発注目安	看護主任	2016年2月1日									
66	新人研修ファイル Ns	看護主任	2016年5月23日									
67	手順書（急変時対応）	看護主任	2015年3月5日									
68	救命処置 救命処置の流れ（心肺蘇生法とAEDの使用）	看護主任	2015年10月15日									
69	急変時の対応	看護主任	2015年12月10日									
70	感染症勉強会	看護主任	2013年12月10日									
71	情報収集について（カーデックス全面に貼る）	看護主任	2017年2月5日									
72	看護部オリエンテーション資料	看護主任	2015年12月30日									
73	感染症対策 利用者さんと職員を守るために	看護主任	2017年12月20日									
74	ショートステイ・入所時の薬剤の取り扱い	看護主任	2018年7月24日									
75	デイ看護業務	看護主任	2016年7月15日									
76	デイサービスにおける健康状態悪化及び緊急事態発生時の対応	看護主任	2017年8月1日									
77	排泄コントロール調節表	看護職	2005年5月6日									
78	夜間時の手順	看護職	2018年9月26日									
79	夜間急変時対応手順	看護職	2015年2月10日									
80	夜間急変時マニュアル（別1）	看護職	2015年1月11日									
81	配薬についてのマニュアル	看護職	2013年6月4日									
82	入浴前の体調チェック	看護職	2015年3月11日									
83	内服薬	看護職	2008年7月15日									
84	身長測定方法	看護職	2011年8月24日									
85	検体提出について 新緑クリニックへ検体をお願いする場合	看護職	2013年2月12日									
86	夜間及び施設医不在時 急変時対応フローチャート	看護職	2016年1月28日									
87	胃瘻	看護職	2008年7月14日									
88	コンパスデンタルクリニックより他院歯科受診紹介が発生した時の対応	看護職	2014年10月22日									
89	インフルエンザ予防接種（利用者）	看護職	2014年10月30日									
90	インフルエンザ予診票受け取り時の注意事項	看護職	2015年10月14日									
91	インフルエンザ予防注射 問診表の記入	看護職	2017年10月6日									
92	胃瘻の方の内服薬を粉にする方法	看護職	2008年3月12日									
93	看護師ミーティング議事録	看護職	2018年9月5日									
94	衛生材料請求一覧表	看護職	2018年9月16日									
95	看護添書（施設用）	看護職	2012年4月16日									
96	看護添書（病院用）	看護職	2016年6月23日									
97	薬ケース用	看護職	2018年3月20日									
98	目薬実施記録	看護職	2011年3月2日									
99	入所時所見／看護サマリー	看護職	2015年4月17日									
100	他科受診予定表	看護職	2004年2月29日									
101	入所時所見	看護職	2017年3月13日									
102	調剤依頼表／施設内臨時薬剤票／医薬品請求伝票／薬剤票作成依頼票	看護職	2018年9月7日									
103	服薬チェック表	看護職	2015年1月29日									
104	経過報告書	看護職	2016年1月28日									
105	救急カート点検表	看護職	2014年4月20日									
106	わかば通信確認欄	看護職	2018年3月19日									
107	ノロインフルキット記名表	看護職	2014年9月6日									
108	サマリーチェック表	看護職	2002年11月24日									
109	コンパスデンタルクリニック立川 無料歯科検診申し込み 診療・口腔ケアの申し込み	看護職	2018年6月3日									
110	カーデックス・救急カート点検表	看護職	2016年10月24日									
111	FBSチェック表	看護職	2009年3月25日									
112	BSチェック表	看護職	2018年8月1日									
113	3階処置表／観察・入浴時処置	看護職	2018年9月6日									
114	2階処置表 2階適宜	看護職	2018年9月26日									
115	インスリン注射	看護職	2009年4月9日									
116	FBSチェック	看護職	2009年4月9日									

（表中注記）空欄箇所については施設で確認

---

④ 体制図の作成・一次文書案の作成（平成30年9月下旬～11月下旬）

● 文書の収集・整理・一覧がある程度進んだ段階で、収集した文書や職員への聞き取り内容から、一次文書に記載する組織の体制図案を作成しました。立川介護老人保健施設わかばでは、既に委員会体制等の体制図は作成されていたものの、その関係性が明確になっていませんでした（図表 30参照）。

図表 30　見直し前の組織内の体制に関わる文書【再掲】

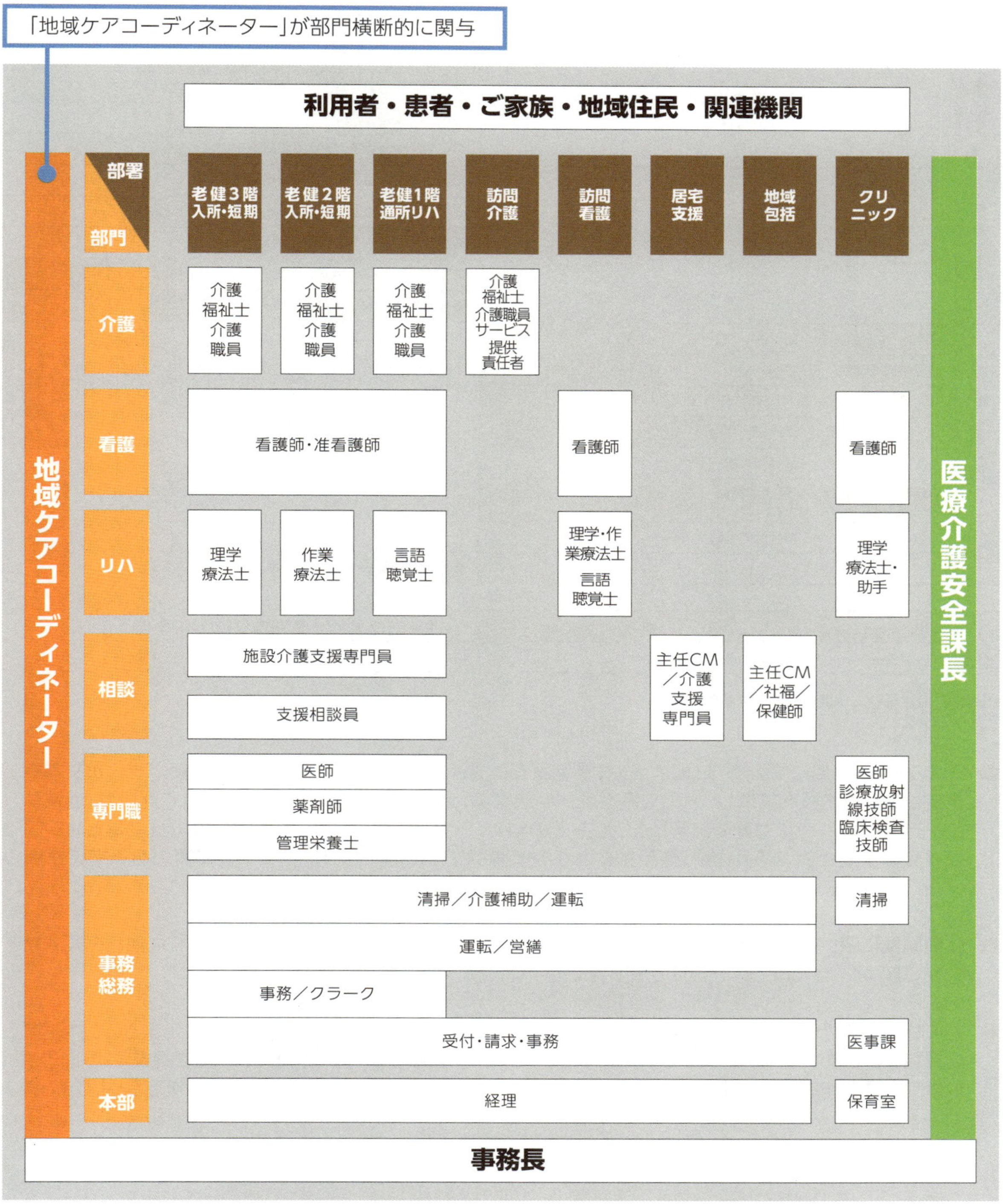

「地域ケアコーディネーター」が部門横断的に関与

利用者・患者・ご家族・地域住民・関連機関

部署 / 部門	老健3階 入所・短期	老健2階 入所・短期	老健1階 通所リハ	訪問 介護	訪問 看護	居宅 支援	地域 包括	クリニック
介護	介護福祉士 介護職員	介護福祉士 介護職員	介護福祉士 介護職員	介護福祉士 介護職員 サービス 提供 責任者				
看護	看護師・准看護師				看護師			看護師
リハ	理学療法士	作業療法士	言語聴覚士		理学・作業療法士 言語聴覚士			理学療法士・助手
相談	施設介護支援専門員 / 支援相談員				主任CM／介護支援専門員	主任CM／社福／保健師		
専門職	医師 / 薬剤師 / 管理栄養士							医師 診療放射線技師 臨床検査技師
事務総務	清掃／介護補助／運転							清掃
	運転／営繕							
	事務／クラーク							
	受付・請求・事務							医事課
本部	経理							保育室

地域ケアコーディネーター　医療介護安全課長

事務長

(出所)立川介護老人保健施設わかば提供資料を株式会社三菱総合研究所で一部改変

図表 30　見直し前の組織内の体制に関わる文書（続き）

		月曜日	水曜日
第1週			給食委員会　毎月第1水曜日13:30～13:45
			安全衛生委員会　毎月第1水曜日13:45～14:00
			褥瘡対策委員会　毎月第1水曜日14:00～14:15
			感染対策委員会　毎月第1水曜日14:15～14:30
第2週			老健施設主任会議　毎月第2水曜日10:00～11:00
			在宅部門主任会議　毎月第2水曜日11:30～12:30
			運営会議　毎月第2水曜日14:00～14:30
			リスクマネジメント委員会　毎月第2水曜日14:30～14:45
			事故対策委員会　毎月第2水曜日14:45～15:00
第4週		ボランティア委員会　毎月第4月曜日9:00～9:30	
		口腔栄養委員会　毎月第4月曜日10:00～10:30	
		ケアプラン委員会　毎月第4月曜日13:00～13:30	
		サービス向上委員会　毎月第4月曜日14:00～14:30	
		事故対策小委員会　毎月第4月曜日15:00～15:30	
		身体拘束等適正化虐待防止委員会 毎月第4月曜日16:00～16:30	
		施設パンフレットWG　毎月第4月曜日16:30～17:00	
			施設全体勉強会　毎月第4水曜日17:30～18:30

	フロアミーティング　毎月1回17:00～18:00	リハ主任ミーティング　毎週火曜日12:30～13:00
	ナースミーティング　毎月1回17:30～18:30	リハミーティング　毎月第2・4水曜日12:30～13:00

（出所）立川介護老人保健施設わかば提供資料

● そのため、事務局にて図表 31のような体制図案を作成しました。また、P56の手順に基づき一次文書案も作成した上で施設を訪問し、一次文書案や体制図案の、現場の体制との整合性について施設側（地域ケアコーディネーター）に対面で確認しました。その中で、一次文書案作成の過程で気づいた「文書と体制図で委員会の表記が異なる」「作成、更新主体となる部署が文書に明記されていない」「関連のある文書が別のファイルに点在している」といった点を事務局から施設に共有しました。

● 体制図案に関して、施設側からは「委員会の機能の重複」といった新たな気づきが得られた他、「PDCAサイクルにおけるC（＝Check（評価））の重要性に気づいた」というコメントも得られました。

● 他にも、ケアプランの実効性を高め、相談員を含む事務部門とサービス部門の連携を強化することが運営上の課題として挙げられたことや、法人本部などいくつかの組織の関係性を整理したことを踏まえ、下図のような体制図案を作成し、これを一次文書案にも反映した上で、ワークショップで職員と共有することとしました。

図表 31　体制図の見直し【再掲】

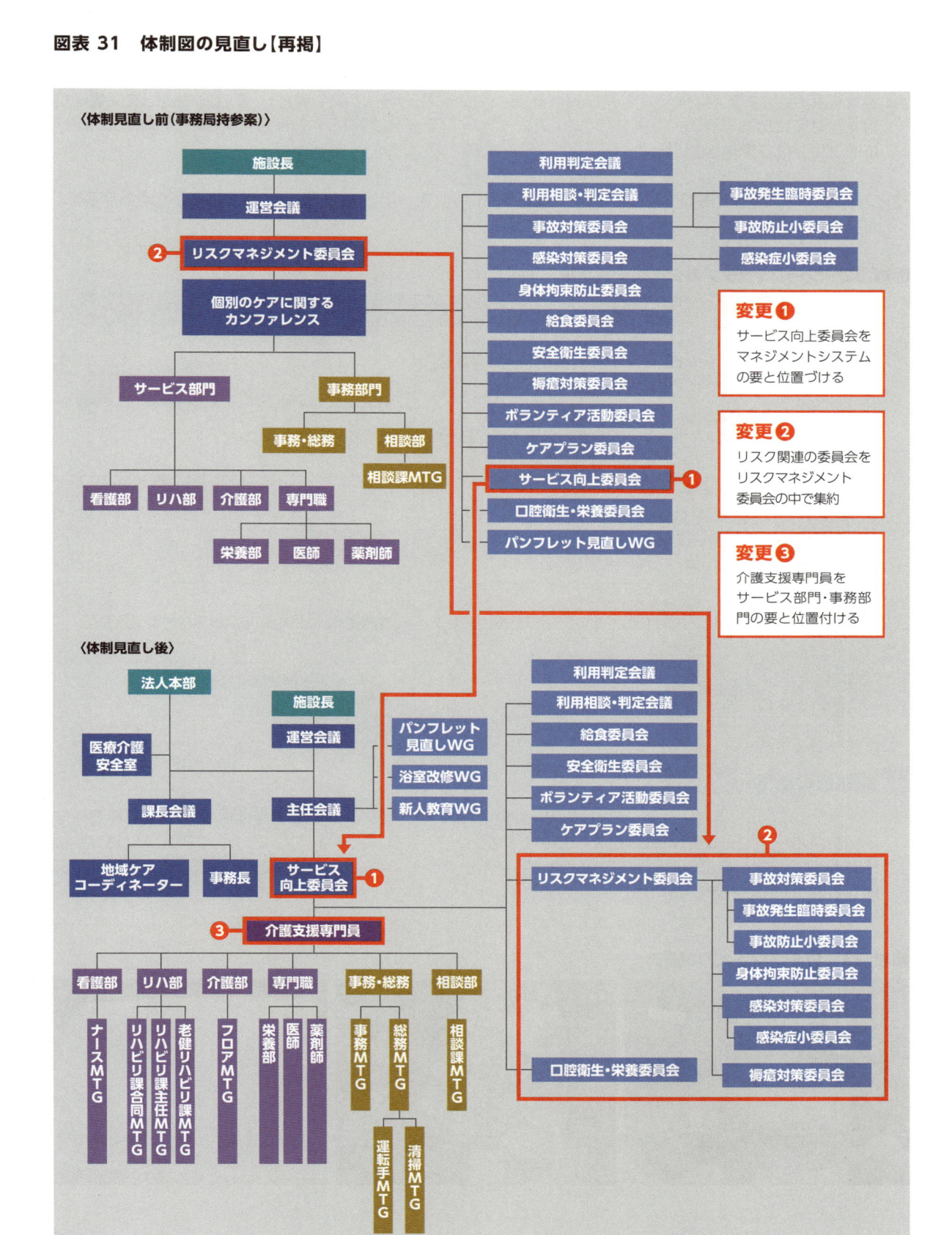

5 一次文書案の施設内での共有（平成30年12月20日）

● 現場職員（主任クラス）を中心としたワークショップを2時間30分にわたり開催し、事務局から一次文書を含む文書体系に関する説明・提案を行いました。グループワークは計15名の職員を職種が偏らないよう2グループに分けて実施しました。

● ワークショップ当日の講師は有識者及び事務局が担いました。当日のタイムテーブルは以下のとおりです。

図表 32　ワークショップのタイムテーブル

時間	タイトル	講師
9:00-9:45 （45分）	講義＆グループディスカッション 「良いサービスとは何か」「良いサービスに必要な要素は何か」	有識者（平成29・30年度事業検討委員会委員）
9:45-10:15 （30分）	講義＆質疑 「なぜマネジメントシステムの導入が必要か」 「マネジメントシステムとは何か」	
10:15-10:25 （10分）	講義＆質疑 「立川介護老人保健施設わかばの文書の現状」	事務局
10:25-10:35 （10分）	休憩	
10:35-11:25 （50分）	グループディスカッション 「サービスの質を向上するための目標は何か」 「それをどのように達成するか」	有識者（平成29・30年度事業検討委員会委員）
11:25-11:30 （5分）	事務長挨拶	立川介護老人保健施設わかば 事務長

1 発想法の結果

● ワークショップの前半では、「良いサービスとは何か」「良いサービスに必要な要素は何か」に関して発想法を用いたグループワークを実施しました。ワークショップ前半から、「大きなPDCAと小さなPDCAは具体的にどのような業務か」などの質問が挙げられた他、グループワーク中にも講師や事務局に個人的に積極的に質問する姿が観察されました。

図表 33　ワークショップの様子

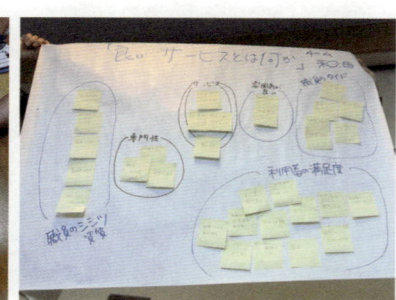

● グループ1では、「良いサービスとは何か」の問いについて「職員の資質」「専門性」「サービス」「雰囲気が良い」「職員の態度」「利用者の満足度」といったキーワードが挙げられました。多くの職員が、良いサービスに必要な要素に「運用の手順が必要である」という意見に共感していました。グループ2では、「良いサービスとは何か」の問いについて、挙げられた良いサービスを「利用者目線」「設備目線」「職員目線」及び「共通目線」の4つに分類しました。現場職員からは利用者や家族、職員目線の意見が多くありましたが、グループに参加した事務長が設備目線など新たな視点からの意見を提示していました。

図表 34　発想法の結果

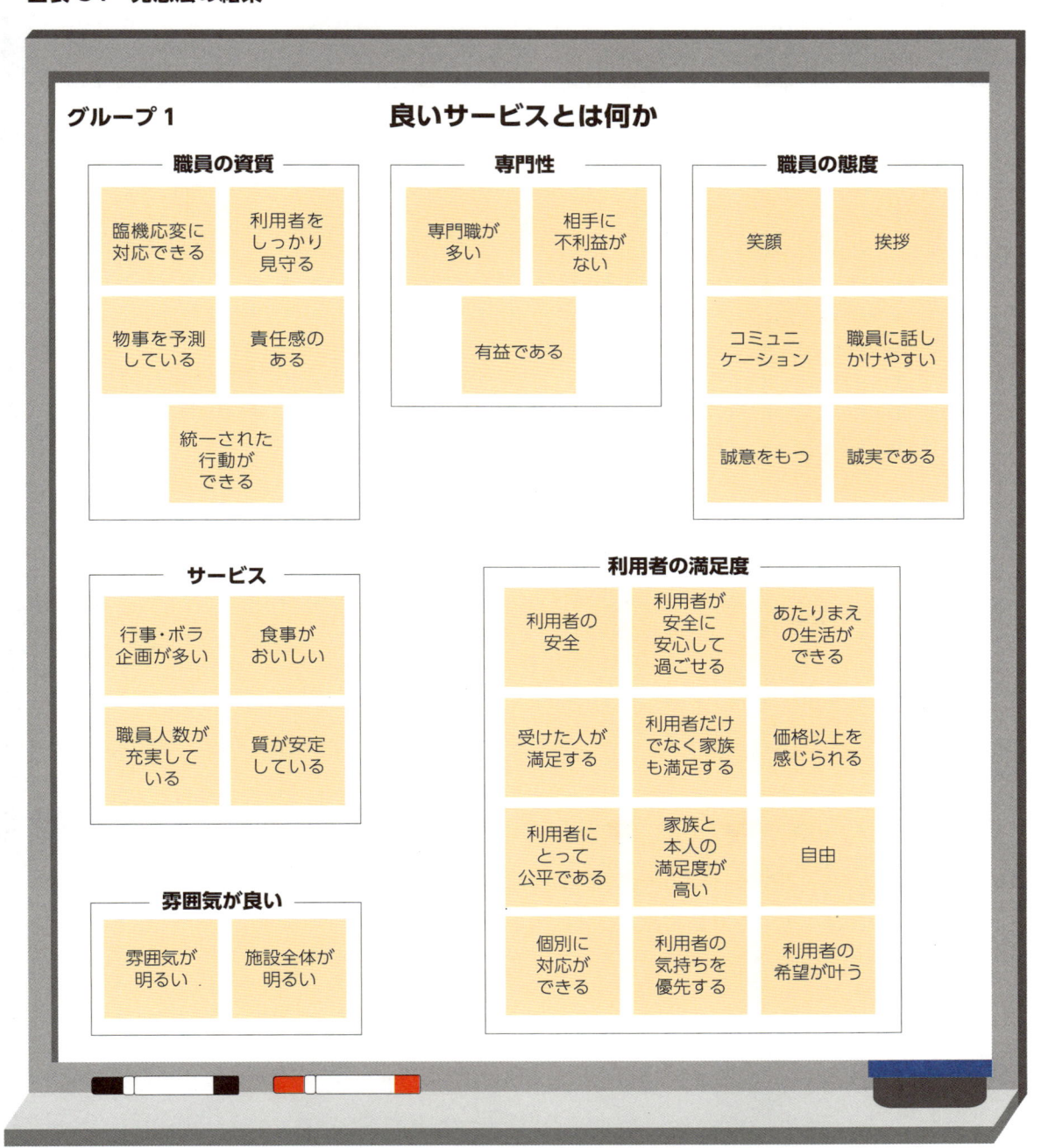

良いサービスに必要な要素は何か

専門職自身が組織の中での役割を理解している	お互いの役割を理解して連携できる	態度 職員本位の考えをやめる	モチベーションがあがるような評価が得られる	職員の資質、職員の教育・研修に参加する	資質をよくするには、研修に行き知識を得る	自分が行きたいときにトイレに行ける	ゆっくりとした食事
	わかばしかないサービスを取り入れる	職員同士がお互いの仕事を理解する	気持ちに余裕のある勤務表	職員の資質→教育の体制がしっかりしている	新人のときにみっちり教育できる環境	ゆっくりとした入浴	専門在宅復帰に向けてPT、OT、STを多くする
作業量に対しての配慮がされている	専門職同士での相談	上司とのコミュニケーションがよくはかれる部署の雰囲気		研修に出る→フィードバックする場を作る		満足度スリッパがきれい	態度(対応)の良い、スピーディーな対応
業務が少ない	態度をよくするには、休みが多い、有給が使える	モチベーションお金	職員の資質キャリア段位を定期的に行う	職員の資質理念を理解している	職員の方向性を統一する	満足度をあげるそうじが行き届いてきれい	食べ物の持ち込み可
態度 いつでも笑顔である、業務にゆとりがある	忙しくない	やりがい頑張りを承認するシステムがある		資質マニュアルがある			
	サービス・設備、施設の運営を安定させる	人事の際に隠れている部分もしっかり評価する	モチベーション職員のやりやすさを考えた環境がある	待たせない	満足度食事にお金をかける	満足行事が多い	利用者の満足リハビリ訓練によりADL UPできた
						満足設備を整える	満足直に対応してくれる
				美味な食事の提供			
レクリエーションをゆっくりできるようにする	接遇の教育	職員の資質各自が心に余裕を持つ					
雰囲気、スタッフが健康							

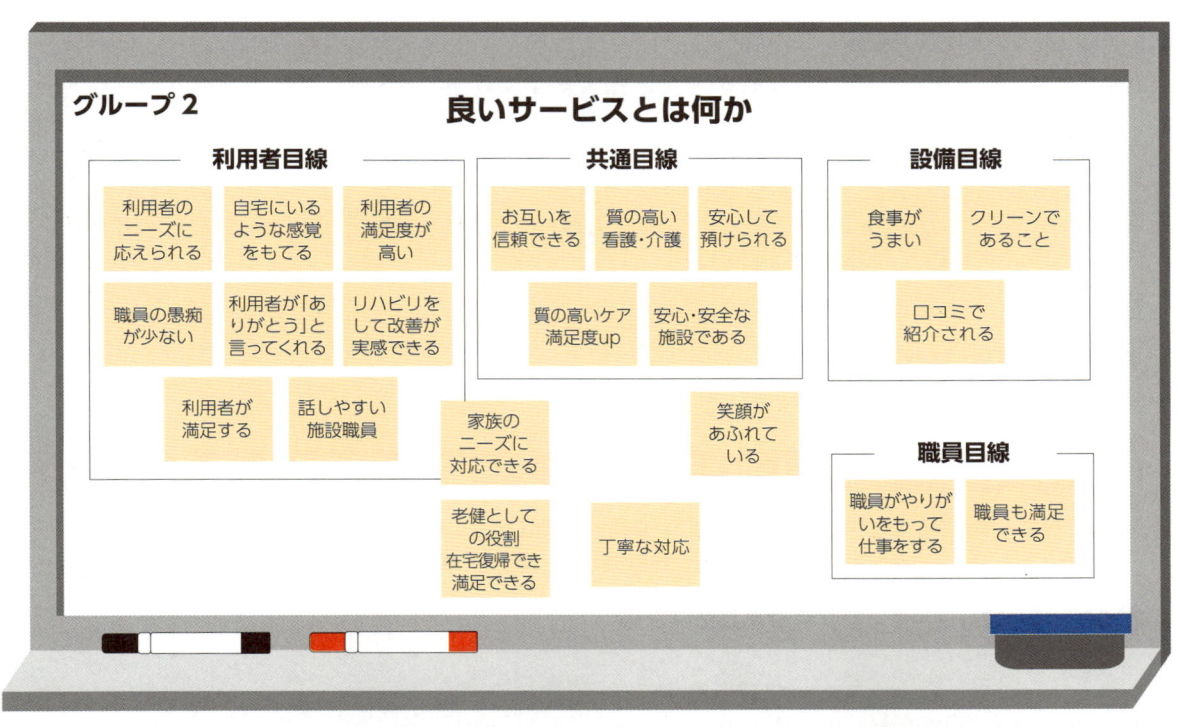

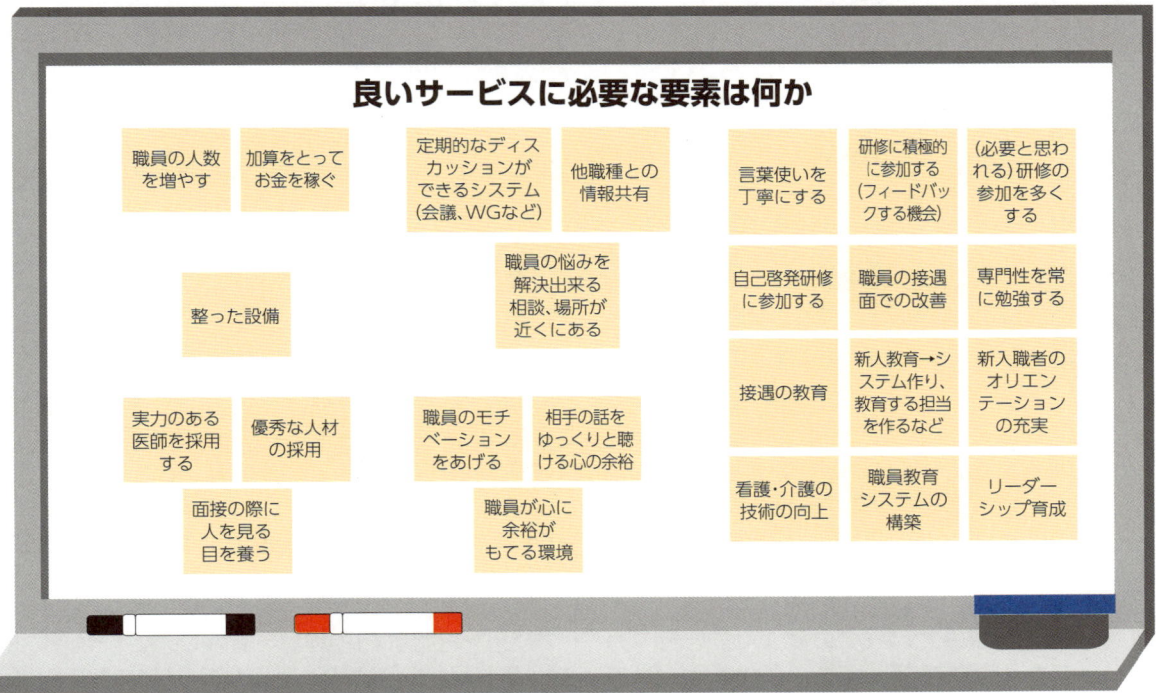

● その後、「良いサービスに必要な要素は何か」の結果の中から具体的な年間目標につながりそうな箇所について検討しました。グループ1では運用の手順が必要という共通認識があったことから、①研修体制の整備、②業務マニュアルの整備を年間目標として提案しました。グループ2は当初、「良いサービスとは何か」の「共通目線」に該当する要素から目標を立てることを検討しましたが、なかなか具体的な目標のアイデアが浮かばず、最終的に③丁寧な言葉遣いを行う、④グッジョブカード（当施設で以前試行されていた、職員お互いのパフォーマンスを褒め合う仕組み（カード）のこと）の運用を再開する、の2つを提案することになり、2グループで計4つの目標が挙げられました。

● ワークショップの終了後、参加者へのアンケート調査を行いました。アンケート調査には出席者15名のうち13名からの回答が得られました。いずれの講義、グループワークにおいても90％以上の回答者から「理解できた」「十分に理解できた」と回答を得ました。自由回答では「業務を見直す良い機会になった」「多職種で意見や問題解決方法の共有ができた」「文書の多さを再認識した」「マネジメントシステム導入に時間がかかる」「現状の体制ではマネジメントシステムを導入することが難しいのではないか」といった意見が見られました。

IV.実行期の実施内容

1 年間計画の作成、振り返りミーティングの実施（平成31年2月26日）

● 振り返りミーティングはワークショップの参加職員を対象に実施しました。振り返りミーティングの進め方は以下のとおりです。地域ケアコーディネーターが進行を担当し、事務局が適宜支援を行いました。

図表 35　振り返りミーティングのタイムテーブル

時間	内容	担当
9:00-9:15 （15分）	本日の進め方の説明	立川介護老人保健施設わかば 地域ケアコーディネーター
	KJ法の結果の共有	事務局
9:15-10:15 （60分）	本日の振り返りミーティングの目的の確認 ワークショップで議論した内容の振り返り （立川介護老人保健施設わかばの年間目標について）	立川介護老人保健施設わかば 地域ケアコーディネーター
10:15-10:25 （10分）	休憩	
10:25-11:25 （60分）	グループディスカッション「次年度の立川介護老人保健施設わかばの事業計画に向けた具体的アクション」	立川介護老人保健施設わかば 地域ケアコーディネーター
11:25-11:30 （5分）	今後の進め方について確認	立川介護老人保健施設わかば 地域ケアコーディネーター

● 振り返りミーティングでは、まず発想法の結果を共有しました。その上で、ワークショップの際にグループ1から提案された①研修体制の整備、②業務マニュアルの整備、及びグループ2から提案された③丁寧な言葉遣いを行う、④グッジョブカードの運用を再開する　という4つの年間目標に対して、具体的なスケジュールを検討しました。立川介護老人保健施設わかばでは年間の事業計画が4月に開始されることから、4月にこれらの計画を始動させるために具体的に実施する内容について話し合いました。

● 当施設ではワークショップの後、「④グッジョブカードの運用を再開する」の検討を進めていたことから、グッジョブカードがなぜそもそも必要かを話し合いました。事務局から「なぜグッジョブカードをするのか」、「誰が実施するのか」、「グッジョブカードの運用マニュアルはあるのか」などの問いかけを行った後、グッジョブカードのメリットやデメリットについても質問を行い、挙げられた意見を整理しました。

● その結果、以前は職員のモチベーション向上のために実施していたもので、今後もサービスの質向上につながると考えられますが、集計や職員への周知に手間がかかるといったデメリットもあることについて意見が交わされ、グッジョブカードの目的や実施方法について改めて定める必要があるという結論に至りました。最終的には「②業務マニュアルの整備」で作成する業務マニュアルにグッジョブカードの運用ルールを掲載することを念頭に、目的や実施方法を検討することとなりました。

図表 36　振り返りミーティングの様子

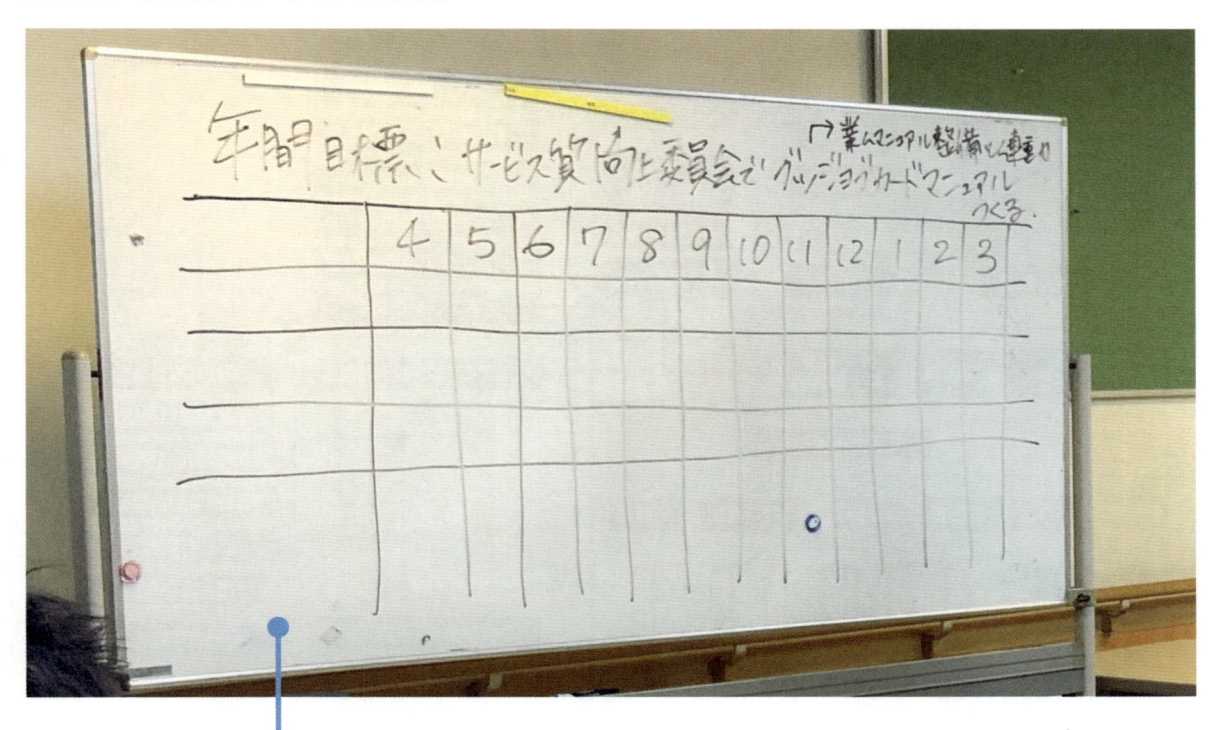

ここに目標を記入
①研修体制の整備　　　　　　　②業務マニュアルの整備
③丁寧な言葉遣いを行う　　　　④グッジョブカードの運用を再開する
※最終的に、③と④は②に盛り込まれた。

- また、「②業務マニュアルの整備」では、整備するマニュアルの内容に「③丁寧な言葉遣いを行う」を掲載することでこれらの目標を統合しました。また、新人研修のタイミングで見直しを行う業務マニュアルが各部署に散在しているという意見が挙がったことから、研修資料の検討を行う既存の新人教育WGをサービス向上委員会に統合することになりました（図表 37参照）。研修資料を収集する部署ごとの担当者を各部署の主任とし、主任が中心となりマニュアルの収集を行い、4月に開催されるサービス向上委員会にて一次文書案の作成（一次文書案内の文書一覧の空欄箇所の整理作業）を継続することを当面の目標としました。

- こうした目標の整理の後、「①研修体制の整備」については、部署ごとにスケジュールをとりまとめて報告する担当者を決定し、既存職員の勉強会や全国老人保健施設協会の大会といった、各部署で予定されている施設内外の研修スケジュールの把握を3月上旬までに行うことになりました。とりまとめたスケジュールの内容を3月末に実施するサービス向上委員会にて共有し、年間計画のスケジュール欄に盛り込むこととしました。

- この話し合いの中で、サービス向上委員会をマネジメントシステム実行の中心的組織と位置づけることと、サービス向上委員会の委員長を介護主任とすることについて出席者で合意を得ました。同じく主任クラスの会議体である主任会議とサービス向上委員会の区別について議論が行われ、主任会議はクレーム対応など短期的な視点で施設運営の課題を議論し、サービス向上委員会は年間の目標など中長期的な視点で議論する、という位置づけとしました。

図表 37　次年度以降の体制図

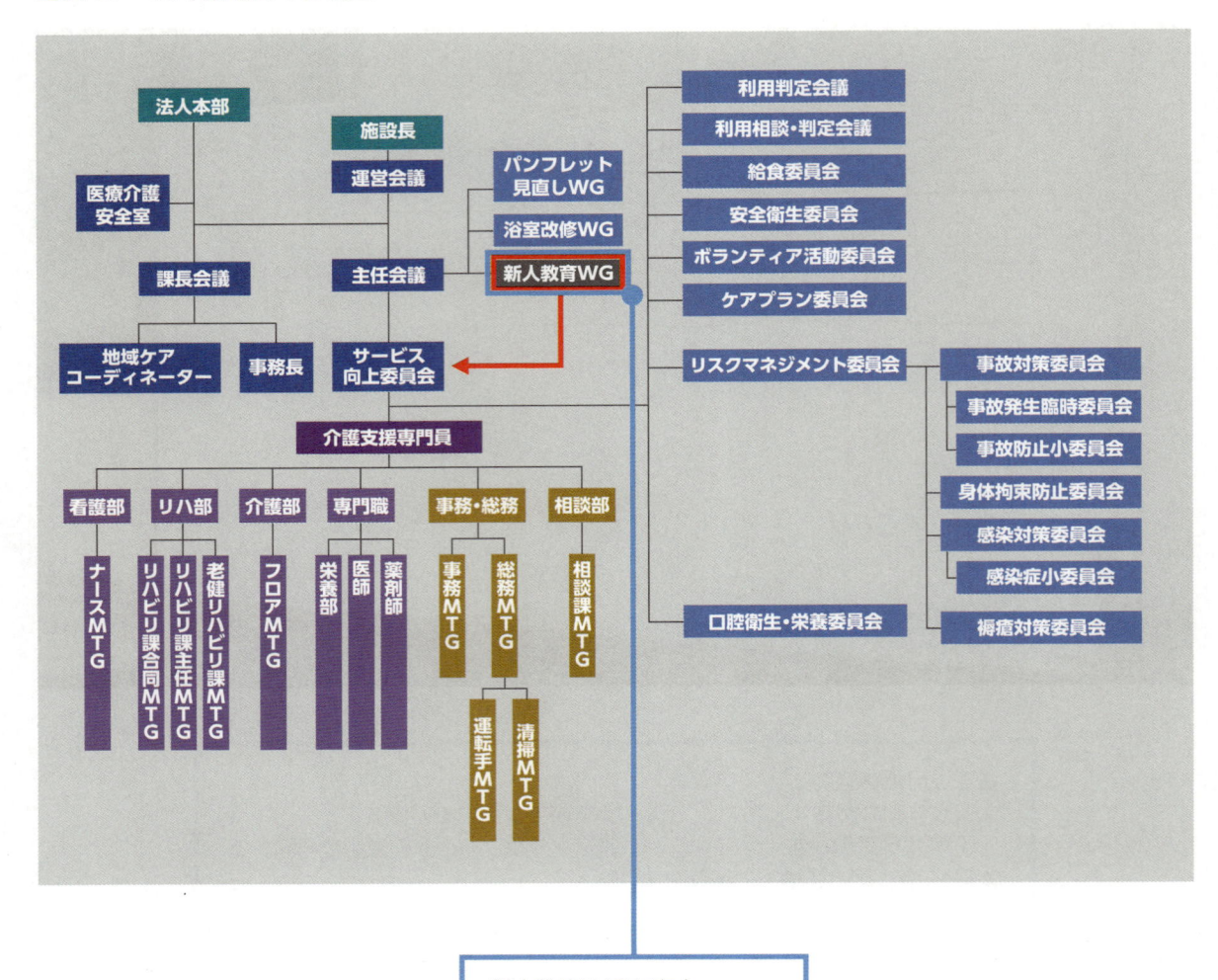

V.準備期・計画期の実際のスケジュール

立川介護老人保健施設わかばにおける準備期・計画期のスケジュールは以下のとおりです。

作業項目	実施主体	2018年 8月～12月 / 2019年 1月～3月（週別：6,13,20,27 / 3,10,17,24 / 1,8,15,22,29 / 5,12,19,26 / 3,10,17,24,31 / 6,13,20,27 / 3,10,17,24 / 2,9,16,23）
STEP1：説明会・研修の実施		
説明会・研修の日程調整	立川介護老人保健施設わかば	
説明会・研修のプログラム検討	立川介護老人保健施設わかば	
説明会・研修の資料作成	立川介護老人保健施設わかば	
説明会・研修当日	立川介護老人保健施設わかば	9月上旬
説明会・研修のアンケート入力・分析	立川介護老人保健施設わかば	
STEP2：文書の収集・整理・一覧化		
施設内の文書の棚卸	立川介護老人保健施設わかば	10月中旬
文書のファイル保存	事務局	10月中旬
文書の打ち出し	立川介護老人保健施設わかば・事務局	10月中旬
文書の読み込み	立川介護老人保健施設わかば・事務局	10月下旬
文書一覧の作成（文書名記入）	事務局	10月下旬
文書一覧の作成（文書名以外の記入）	事務局	11月上旬
文書一覧の重複・抜け漏れ確認	事務局	11月上旬
STEP3：体制図の作成		
文書内の組織情報の読み込み	事務局	10月下旬
体制図の作成	事務局	
責任者・チームの決定	事務局	2月下旬
体制図の職員への確認・見直し	立川介護老人保健施設わかば・事務局	11月下旬
体制図案の修正	立川介護老人保健施設わかば・事務局	12月上旬・2月下旬
STEP4：一次文書案の作成		
一次文書ひな形への施設の基本情報の落とし込み	立川介護老人保健施設わかば・事務局	10月下旬～11月上旬
体制図との整合確認	事務局	11月中旬
文書一覧との整合確認	事務局	11月中旬
STEP5：年間計画の作成		
年間目標の設定	立川介護老人保健施設わかば・事務局	1月中旬
年間計画の作成	立川介護老人保健施設わかば・事務局	2月下旬
一次文書との整合確認	事務局	2月下旬
施設内での共有	立川介護老人保健施設わかば	

VI.一次文書案

● この一次文書案は、第3章を基に、立川介護老人保健施設わかばの文書・体制の状況を踏まえて事務局にて作成した一次文書案です。この一次文書案は、P64のワークショップで共有することを目的に作成しました。従って、この一次文書案はこの後施設において改訂を重ねる上での第一案であり、空欄箇所は今後当施設において埋めていくことを前提に掲載しています。

❶ 目的

■本マニュアルでは、医療法人社団 東京石心会の理念と基本方針に基づき、立川介護老人保健施設わかばのサービスの質の向上を念頭に置いたマネジメントシステムの基本方針を定める。

❷ 適用範囲

■本マネジメントシステムは、立川介護老人保健施設わかばの以下のサービスについて適用する。
　□ 介護老人保健施設

❸ 用語の定義

■・・・

> この箇所(…／●●)は、施設側で更新するものです

❹ 一般要求事項

■立川介護老人保健施設わかばの施設長は、立川介護老人保健施設わかばのサービスの質の向上を念頭に置いたマネジメントシステムを確立し、継続的な改善を行う。

■このための要求事項は ❺ ～ ❾ で規定される。

❺ サービスの質を維持・向上するための基本方針

❺-1 基本方針

■立川介護老人保健施設わかばは、立川介護老人保健施設わかばの基本方針及び本マネジメントシステムに基づき、サービスの質を向上するための体制整備を行う。

■サービスの質管理責任者は、以下を満たす基本方針を制定して文書化し、実施する。

■基本方針が立川介護老人保健施設わかばにとって妥当かつ適切であることを確実にするために、定期的に見直しを行う。

施設運営面	□ サービスの質向上を念頭に置いた目標を記載した事業計画を立案する □ マネジメントシステムの実施、維持、改善のための体制を整備する □ マネジメントシステムの進捗管理を定期的に実施する □ サービスの有効性を評価するため内部監査を実施する □ 内部監査の結果に基づき、改善活動を行う
サービス提供面	□ 立川介護老人保健施設わかばの基本方針を遵守する □ 適用されるサービスの法令を遵守する □ 有害事象の予防・再発に努める

❺-2 基本方針の周知

■サービスの質管理責任者は、基本方針を施設責任者会議や掲示・回覧等によって、従業員へ周知する。

❻ 実施体制

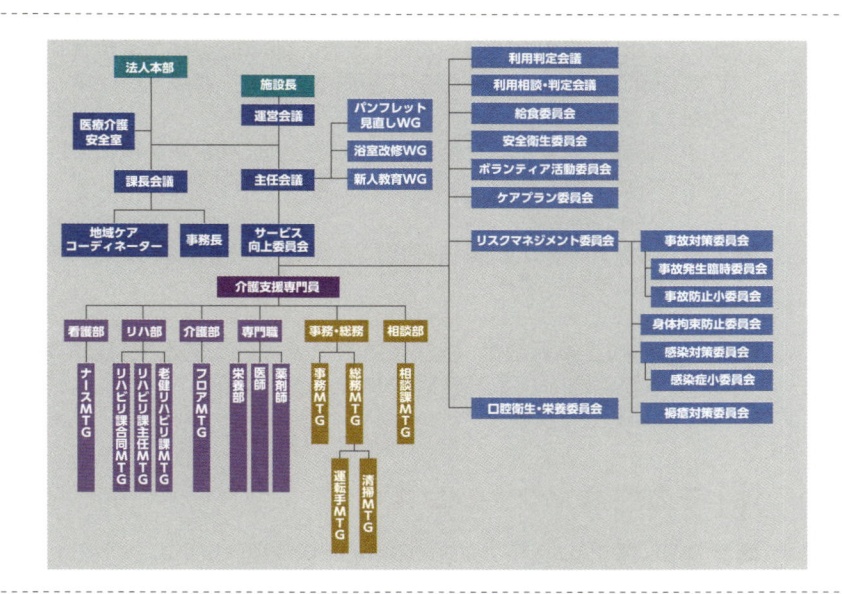

❻-1 組織

1 経営会議

■運営会議は、施設長、事務長、安全課長、事務主任で構成する。

■運営会議は、サービス向上委員会からの報告を受け、立川介護老人保健施設わかば全体にわたるサービスの質の向上に関する事項の審議を通して、基本方針、事業計画を承認する。

■また、マネジメントシステム全体について課題が生じた場合、速やかに課題解決策を検討し、承認する。

2 医療介護安全室

■・・・

3 主任会議

■・・・

この箇所(…／●●)は、施設側で更新するものです

4 課長会議

■・・・

5 サービス向上委員会

■サービス向上委員会は、**施設長、事務長、各部署主任**で構成する。

■サービス向上委員会は、個別のケアに関するカンファレンス、サービス部門・事務部門から以下について報告を受け、立川介護老人保健施設わかば全体にわたるサービスの質の向上に関する事項に関する事項等の審議を通して、基本方針(案)、事業計画(案)を策定し、運営会議に承認を諮る。
　□ 運営会議で承認された基本方針、事業計画、課題解決策の実行状況
　□ マネジメントシステム全体の課題　等

■マネジメントシステム全体について課題が生じた場合、速やかに課題解決策(案)を検討し、運営会議に承認を諮る。

■サービス向上委員会は、運営会議で承認された基本方針、事業計画、課題解決策のサービス部門・事務部門における実施状況をモニターする。

6 その他カンファレンス

■その他に関するカンファレンスの目的と構成員は以下のとおり。
　□ 利用判定会議：●●　　　　　□ リスクマネジメント委員会：●●
　□ 利用相談・判定会議：●●　　　・事故対策委員会：●●
　□ 給食委員会：●●　　　　　　　・身体拘束防止委員会：●●
　□ 安全衛生委員会：●●　　　　　・感染対策委員会：●●
　□ ボランティア活動委員会：●●　□ 褥瘡対策委員会：●●
　□ ケアプラン委員会：●●　　　　□ 口腔衛生・栄養委員会：●●

> この箇所(…／●●)は、施設側で更新するものです

■個別のケアに関するカンファレンスは、立川介護老人保健施設わかば全体にわたるサービスの質の向上に関する事項等の審議を通して、その結果を運営会議に報告する。
　□ 運営会議で承認された基本方針、事業計画、課題解決策の実行状況
　□ マネジメントシステム全体の課題　等

7 各部門におけるカンファレンス

■各部門におけるカンファレンスの目的と構成員は以下のとおり。
　□ ナースミーティング：●●
　□ リハビリ合同ミーティング：●●
　□ リハビリ課主任ミーティング：●●
　□ 老健リハビリ課ミーティング：●●
　□ フロアミーティング：●●
　□ 相談課ミーティング：●●
　□ 事務課ミーティング：●●
　□ 総務課ミーティング：●●
　　・清掃ミーティング：●●
　　・運転手ミーティング：●●

> この箇所(…／●●)は、施設側で更新するものです

⑥−2 組織構成員の責務

① サービスの質管理責任者

■サービスの質管理責任者は施設長が着任し、施設全体のサービスの質の向上の責任を負う。

② サービスの質管理者

■サービスの質管理者は、地域ケアコーディネーターが着任する。

■サービスの質管理者は、各現場に存在する有害事象の発生予防の対策が確実に実施されているか実施状況をモニターすると共に、必要な提案をサービスの質管理責任者及び●●に行う。

■●●会議、●●会議、●●に関するカンファレンスに参加し、適切なアドバイスを行う。

③ サービスの質向上推進者

■サービスの質向上推進者は、各部の主任が着任する。

■サービスの質向上推進者は、各現場の有害事象の発生予防に関わる環境整備を実施すると共に、諸規定や手順等に従い、各担当者と相談しながら、利用者へのケアマネジメント及びサービス提供、有害事象の発生予防の対策が適切に行われているかどうかを管理する。

④ 担当者

■担当者とは、各現場の看護職員、介護職員等を指す。

■担当者は、運営会議で承認された基本方針、事業計画、課題解決策に基づく諸規定を遵守し、利用者の有害事象の発生の予防に努め、利用者の状態変化があれば、サービスの質向上推進者やサービスの質管理者及び他職種の担当者と相談しながら、ケアマネジメント及びサービス提供を実施する。

⑤ 内部監査者

■内部監査者とは、本マネジメントシステムの有効性を確認する者を指す。

■内部監査者は、サービスの質管理責任者と共に、年1回見直しを行い、マネジメントシステム全般に関する改善の検討を行う。

⑦ 計画

⑦-1 計画策定

■運営会議は、立川介護老人保健施設わかば全体にわたるサービスの質の向上に関する事項等についての年間計画を策定する。計画には、年間目標を含む。

■運営会議は、年間目標を策定する。年間目標を策定するにあたっては、年間計画・課題解決策、年間目標達成状況、教育研修実施状況、ヒヤリハット発生状況、内部監査報告等を考慮する。

■年間計画を策定後、運営会議はサービス向上委員会を通じて、サービス部門、事務部門に周知させる。

■年間目標は、施設責任者会議で進捗をモニターする。

⑦-2 課題解決計画の策定と実施

■運営会議は、リスクマネジメント委員会での審議を踏まえ、改善時期を待たずにマネジメントシステム全体に関わる修正、改善、課題の解決が必要だと判断した場合、課題解決策を立案し、承認した上で、掲示・回覧等を通じて従業員へ周知する。

■課題解決策は、サービス向上委員会で進捗をモニターする。

⑧ 支援

⑧-1 研修及び能力向上への取り組み

■立川介護老人保健施設わかばの従業員に対する教育研修マニュアルを定め、従業員に対する雇用時教育、一般教育、管理者及び推進者に対する教育、臨時教育を実施し、本マネジメントシステム運営に必要な能力を維持する。

⑧-2 協議及びコミュニケーション

1 責務の周知

■基本方針、運営会議、各個別ケアカンファレンスの結果を掲示や回覧、リスクマネジメント委員会を通じて周知する。

■また、従業員・担当者の責務について、サービスの質管理者やサービスの質向上推進者を通じて周知を図る。

■このような周知活動は、年間計画に盛り込む。

2 有事事象の報告

■利用者の状態変化による各関連職種の個別のケアに関するカンファレンスの結果、有害事象の発生予防の対策の実施が必要な場合、各担当者は各サービス部門のサービスの質管理者へ事前・事後に関わらず報告する。

■また、結果に関しても報告する。

8−3 マニュアル・様式・要領

1 マニュアル・様式・要領の利用

■運営会議及びリスクマネジメント委員会は、以下に示すマニュアル・様式・要領を本マネジメントシステムの一部として利用する。

2 マニュアル・様式・要領の制定と改廃

■実施マニュアル・様式・要領の制定時に、それぞれの担当者を明確にする。

■また、制定と改廃は、施設責任者会議での審議と答申を経て実施される事とする。

8−4 記録及び記録の管理

■本マネジメントシステムに基づく活動は、原則としてすべて記録される。これらの記録の保管は、5年間とする。

9 運用

> この箇所（…／●●）は、施設側で更新するものです

9−1 有害事象の発生要因の特定

■立川介護老人保健施設わかばにおいて、●●の有害事象の発生要因を特定し、有害事象の種類・段階に応じた適切な管理対策を実施する。

■●●の有害事象の発生要因の種類や評価方法については、それぞれの関連するマニュアルを参考にする。

9−2 有害事象発生時の対応

■各サービス部門で実際に有害事象が発生した場合、ただちにサービスの質管理者及びサービスの質向上推進者への報告が推奨される。

■関連するマニュアルに基づき、対応策を審議、決定、実施する。

⑨−3 変更の管理

■以下のような場合で、有害事象の予防にとって影響の可能性があると考えられる場合、サービスの質管理責任者、サービスの質管理者、サービスの質向上推進者はあらかじめ従業員・担当者と連携し、利用者の有害事象の発生予防に努める。

■また、有害事象の発生の増加につながる場合には、変更は中止する。
- ☐ 設備の変更・修理
- ☐ 新しい機器の導入
- ☐ 組織の変更

⑩ 評価

⑩−1 達成状況の評価

■本マネジメントシステムにより、サービスの質の向上に関する事項等の基本方針の達成状況を評価するため、⑦−1 で立てた年間目標について評価を行う。

■評価は半年後及び1年後の達成状況を確認し、目標が未達成の場合には課題解決策を策定する。

⑩−2 内部監査

■本マネジメントシステムが適切に実施、運用されているかを評価するために、内部監査実施要領に基づき、年1回内部監査を実施する。

■監査結果に基づいて、サービスの質管理責任者は改善計画案を策定し、次期計画に反映する。

⑪ 改善

⑪−1 施設幹部による改善の検討

■サービスの質管理責任者は、以下の情報を基に、年1回見直しを行い、マネジメントシステム全般に関する改善の検討を行う。
- ☐ 年間目標と年間計画の達成状況
- ☐ 内部監査報告書
- ☐ マネジメントシステムの改善計画の実施状況

⑪−2 システムの改善

■サービスの質管理責任者は、見直しの結果明らかになった改善事項について、サービスの質管理者やサービスの質向上推進者と共に具体的な改善案を検討し、即時実施する。

■サービスの質管理責任者はマネジメントシステムの改善計画の進捗を管理する。

ここで示す文書が、一次文書案の **8−3 マニュアル・様式・要領** 及び **8−4 記録及び記録の管理** に該当します。

文書管理番号	文書名	作成・更新主体	改定日	配布先 施設長	事務部長	議長	事務部門 管理部	相談部	サービス部門 看護部	介護部	リハ部	栄養部
1	安全衛生委員会議事録	安全衛生委員会	2018年9月5日									
2	運営委員会議事録	運営会議	2018年8月8日									
3	育休願	該当職員	2009年4月1日									
4	育児短時間勤務願	該当職員	2009年4月1日									
5	休業手当金支給申請書	該当職員	2009年4月1日									
6	慶弔見舞金支給申請書	該当職員	2009年4月1日									
7	個人情報保護に関する誓約書	該当職員	2009年4月1日									
8	産休願	該当職員	2009年4月1日									
9	自己評価シート	該当職員	2018年9月16日									
10	実力評価シート（ジュニアコメディカル）	該当職員	2009年4月1日									
11	実力評価シート（スタッフ・介護系）	該当職員	2009年4月1日									
12	実力評価シート（ジュニアナース・スタッフナース）	該当職員	2009年4月1日									
13	実力評価シート（ジュニア事務系・スタッフ事務系・チーフ事務系）	該当職員	2009年4月1日									
14	申請書及変更届	該当職員	2015年3月2日									
15	身元保証書	該当職員	2009年4月1日									
16	誓約書	該当職員	2009年4月1日									
17	退職届（契約期間満了退職の場合）	該当職員	2009年4月1日									
18	退職願	該当職員	2009年4月1日									
19	退職後の連絡先	該当職員	2009年4月1日									
20	退職時の確認事項	該当職員	2009年4月1日									
21	通勤申請書	該当職員	2009年4月1日									
22	送迎届	該当職員	2018年6月1日									
23	遅刻早退届出書（常勤用）	該当職員	2018年5月11日									
24	遅刻早退届出書（非常勤用）	該当職員	2018年8月10日									
25	駐車場臨時使用申請書	該当職員	2018年6月1日									
26	弔辞届出書	該当職員	2018年6月1日									
27	通勤交通費支給申請書	該当職員	2018年6月1日									
28	通常外勤務申請書	該当職員	2018年4月1日									
29	転室連絡票	該当職員	2005年10月27日									
30	立川介護老人保健施設わかば 日直日誌	該当職員	2018年4月10日									
31	備品・職員用品・グラブ用品ほか請求伝票	該当職員	2018年6月1日									
32	報連相シート	該当職員	2018年6月16日									
33	昇格・昇進推薦書	課長	2009年4月1日									
34	利用者からの預かり物の管理	看護主任	2018年7月24日									
35	目薬・軟膏・内服薬など、施設内臨時薬剤票を使用しないで薬を取り寄せる場合	看護主任	2018年7月24日									
36	臨時薬	看護主任	2018年7月24日									
37	薬剤の中止・指示変更	看護主任	2018年7月24日									
38	配薬引き出しから一日分の薬剤を用意する	看護主任	2018年7月24日									
39	処方チェック：定期処方・プラセボ・定期外用薬・頓用薬の追加	看護主任	2018年7月24日									
40	持参薬から施設内処方薬への切替	看護主任	2018年7月24日									

この箇所は、施設側で更新するものです

文書管理番号	文書名	作成・更新主体	改定日	配布先									
				施設長	事務部長	議長	事務部門		サービス部門			
							管理部	相談部	看護部	介護部	リハ部	栄養部
41	持参薬がなくなるなど薬剤票の作成が必要となったときの手順・定期処方	看護主任	2018年 7 月20日									
42	ワイズマンシステムでの業務	看護主任	2018年 1 月15日									
43	爪切り物品の管理／爪切り／爪切りの管理方法	看護主任	2015年 6 月11日									
44	手順書 (急変時対応)	看護主任	2015年 3 月 5 日									
45	手順書 浴室掃除感染対策 (ノロ) 処置について情報共有 検体採取 静脈血採血 配薬 ショートステイ受け入れの業務 (看護師) 入所受け入れの業務 (看護師) 施設医指示の受け方 受診予定情報の管理	看護主任	2015年 1 月 2 日									
46	エアーマットの使用について	看護主任	2009年 9 月20日									
47	処置有効一覧印刷方法	看護主任	2016年 5 月20日									
48	処置 (システムの利用手順)	看護主任	2018年 5 月19日									
49	吸入マニュアル (酸素吸入)	看護主任	2008年 9 月 6 日									
50	吸入マニュアル (ネブライザー)	看護主任	2008年 9 月 6 日									
51	吸入マニュアル (鼻腔・口腔)	看護主任	2008年 9 月22日									
52	ペースメーカー管理マニュアル	看護主任	2018年 5 月18日									
53	ストマ管理マニュアル	看護主任	2008年 9 月 6 日									
54	与薬	看護主任	2008年 7 月15日									
55	夜間急変時マニュアル (別紙 1)	看護主任	2015年 1 月11日									
56	酸素ボンベの発注	看護主任	2013年 9 月13日									
57	新人研修チェックリストNs	看護主任	2016年 9 月20日									
58	誤薬を防止しよう！	看護主任	2008年 5 月20日									
59	NSに報告すること	看護主任	2013年10月 6 日									
60	廃棄物の分別について	看護主任	2009年10月 9 日								.	
61	医師不在時指示	看護主任	2016年 8 月 5 日									
62	医師不在時の定時指示	看護主任	2018年 9 月18日									
63	バイタルサインの変化でDrに報告する場合	看護主任	2013年 8 月15日									
64	手順書 (書式・原本) 持参薬チェック表	看護主任	2015年 2 月17日									
65	検査関連物品発注目安	看護主任	2016年 2 月 1 日									
66	新人研修ファイル Ns	看護主任	2016年 5 月23日									
67	手順書 (急変時対応)	看護主任	2015年 3 月 5 日									
68	救命処置 救命処置の流れ (心肺蘇生法とAEDの使用)	看護主任	2015年10月15日									
69	急変時の対応	看護主任	2015年12月10日									
70	感染症勉強会	看護主任	2013年12月10日									
71	情報収集について (カーデックス全面に貼る)	看護主任	2017年 2 月 5 日									
72	看護部オリエンテーション資料	看護主任	2015年12月30日									
73	感染症対策 利用者さんと職員を守るために	看護主任	2017年12月20日									
74	ショートステイ・入所時の薬剤の取り扱い	看護主任	2018年 7 月24日									
75	デイ看護業務	看護主任	2016年 7 月15日									
76	デイサービスにおける健康状態悪化及び緊急事態発生時の対応	看護主任	2017年 8 月 1 日									
77	排泄コントロール調節表	看護職	2005年 5 月 6 日									
78	夜間時の手順	看護職	2018年 9 月26日									

この箇所は、施設側で更新するものです

文書管理番号	文書名	作成・更新主体	改定日	配布先								
				施設長	事務部長	議長	事務部門		サービス部門			
							管理部	相談部	看護部	介護部	リハ部	栄養部
79	夜間急変時対応手順	看護職	2015年2月10日									
80	夜間急変時マニュアル(別1)	看護職	2015年1月11日									
81	配薬についてのマニュアル	看護職	2013年6月4日									
82	入浴前の体調チェック	看護職	2015年3月11日									
83	内服薬	看護職	2008年7月15日									
84	身長測定方法	看護職	2011年8月24日									
85	検体提出について 新緑クリニックへ検体をお願いする場合	看護職	2013年2月12日									
86	夜間及び施設医不在時 急変時対応フローチャート	看護職	2016年1月28日									
87	胃瘻	看護職	2008年7月14日									
88	コンパスデンタルクリニックより他院歯科受診紹介が発生した時の対応	看護職	2014年10月22日									
89	インフルエンザ予防接種(利用者)	看護職	2014年10月30日									
90	インフルエンザ予診票受け取り時の注意事項	看護職	2015年10月14日									
91	インフルエンザ予防注射 問診表の記入	看護職	2017年10月6日									
92	胃瘻の方の内服薬を粉にする方法	看護職	2008年3月12日									
93	看護師ミーティング議事録	看護職	2018年9月5日									
94	衛生材料請求一覧表	看護職	2018年9月16日									
95	看護添書(施設用)	看護職	2012年4月16日									
96	看護添書(病院用)	看護職	2016年6月23日									
97	薬ケース用	看護職	2018年3月20日									
98	目薬実施記録	看護職	2011年3月2日									
99	入所時所見／看護サマリー	看護職	2015年4月17日									
100	他科受診予定表	看護職	2004年2月29日									
101	入所時所見	看護職	2017年3月13日									
102	調剤依頼表／施設内臨時薬剤票／医薬品請求伝票／薬剤票作成依頼票	看護職	2018年9月7日									
103	服薬チェック表	看護職	2015年1月29日									
104	経過報告書	看護職	2016年1月28日									
105	救急カート点検表	看護職	2014年4月20日									
106	わかば通信確認欄	看護職	2018年3月19日									
107	ノロインフルキット記名表	看護職	2014年9月6日									
108	サマリーチェック表	看護職	2002年11月24日									
109	コンパスデンタルクリニック立川 無料歯科検診申し込み 診療・口腔ケアの申し込み	看護職	2018年6月3日									
110	カーデックス・救急カート点検表	看護職	2016年10月24日									
111	FBSチェック表	看護職	2009年3月25日									
112	BSチェック表	看護職	2018年8月1日									
113	3階処置表／観察・入浴時処置	看護職	2018年9月6日									
114	2階処置表 2階適宜	看護職	2018年9月26日									
115	インスリン注射	看護職	2009年4月9日									
116	FBSチェック	看護職	2009年4月9日									
117	バイタルサイン	看護職	2006年1月4日									
118	Ns業務流れ(夜勤)	看護職	2018年3月24日									
119	判断能力や伝達能力(改訂版)(利用者用)	看護職	2015年6月15日									

この箇所は、施設側で更新するものです

文書管理番号	文書名	作成・更新主体	改定日	配布先								
				施設長	事務部長	議長	事務部門		サービス部門			
							管理部	相談部	看護部	介護部	リハ部	栄養部
120	3階処置表／time table	看護職	2016年 5 月25日									
121	施設長不在時の連絡対応マニュアル	看護職	2013年11月 9 日									
122	行事担当表	看護職	2014年 3 月 4 日									
123	業務分掌(看護)	看護職	2016年12月24日									
124	業務改善	看護職	2008年10月10日									
125	休日、夜間、定時指示	看護職	2012年10月29日									
126	入院中インフルエンザ(罹患者が同室に発生した。タミフル予防投与中)	看護職	2016年12月 5 日									
127	OHスケールと褥瘡について	看護職	2018年 4 月24日									
128	Ns・リーダー・フリー業務流れ(日勤)	看護職	2018年 9 月26日									
129	褥瘡評価用紙	看護職	2018年 6 月16日									
130	褥瘡対策に関するケア計画書(入所者)記入例	看護職	2018年 6 月16日									
131	排泄支援計画書	看護職	2018年 6 月16日									
132	排泄支援加算票	看護職	2018年 6 月16日									
133	排泄支援加算	看護職	2018年 6 月16日									
134	排泄についての知識集	看護職	2018年 6 月 1 日									
135	排尿チェック票	看護職	2018年 6 月16日									
136	所定疾患施設療養票【所定疾患施設療養費(I)】様式	看護職	2018年 4 月 1 日									
137	【所定疾患施設療養費】【所定疾患施設療養費(I)】基準	看護職	2018年 4 月25日									
138	排便コントロール表	看護職	2005年 5 月 6 日									
139	夜間急変時対応手順フローチャート	看護職	2014年 6 月 1 日									
140	デイ看護午後業務 説明と同意	看護職	2015年 4 月23日									
141	デイ看護業務	看護職										
142	衛生材料	看護職										
143	コピー新人研修ファイルNs	看護職	2016年 4 月 8 日									
144	午後デイ業務	看護職	2015年 5 月 1 日									
145	デイ担当Ns	看護職	2017年 3 月17日									
146	デイ昼食薬の配薬漏れ防止の強化について	看護職	2017年10月15日									
147	デイケア看護	看護職	2016年 9 月 1 日									
148	送迎中のノロウイルス様症状発生時の対応について(デイ用)	感染対策委員会	2013年 5 月 1 日									
149	新入浴方法の手順書	感染対策委員会	2017年 4 月21日									
150	MRSA(メシチリン耐性黄色ブドウ球菌)	感染対策委員会	2015年 2 月 1 日									
151	インフルエンザ(インフルエンザウイルス)	感染対策委員会	2015年 2 月 1 日									
152	ノロウイルス(感染症胃腸炎)	感染対策委員会	2015年 3 月 1 日									
153	ノロウイルスとお洗濯	感染対策委員会	2016年 1 月16日									
154	ノロウイルスへの対応(職員用)	感染対策委員会	2017年 1 月10日									

この箇所は、施設側で更新するものです

文書管理番号	文書名	作成・更新主体	改定日	配布先 施設長	事務部長	議長	事務部門 管理部	相談部	サービス部門 看護部	介護部	リハ部	栄養部
155	ノロウイルス感染対策の見直し	感染対策委員会	2013年2月15日									
156	ノロ感染防止対策	感染対策委員会	2007年1月23日									
157	レジオネラ症（レジオネラ）	感染対策委員会	2015年5月9日									
158	感染症及び食中毒の予防およびまん延の防止のための指針	感染対策委員会	2014年4月1日									
159	結核（結核菌）	感染対策委員会	2015年5月19日									
160	結核患者が発生したら	感染対策委員会	2015年5月11日									
161	肺炎球菌	感染対策委員会	2013年5月19日									
162	発生時の対応	感染対策委員会	2015年5月5日									
163	予防対策	感染対策委員会	2015年5月19日									
164	緑膿菌	感染対策委員会	2015年5月19日									
165	疥癬	感染対策委員会	2015年5月19日									
166	疥癬対策マニュアル	感染対策委員会	2017年4月13日									
167	外出時、ご家族に伝える注意点	感染対策委員会	2013年1月12日									
168	腸管出血性大腸菌	感染対策委員会	2015年5月19日									
169	隔離部屋のセッティング	感染対策委員会	2018年3月23日									
170	ノロ対応マニュアル	感染対策委員会	2018年3月28日									
171	結核健診の結果のお知らせ	感染対策委員会	2018年2月1日									
172	調査票（多摩立川保健所_感染症対策係行き）	感染対策委員会	2012年12月2日									
173	排便（水様、泥状、軟便）（量はバナナを目安）表	感染対策委員会	2014年1月10日									
174	感染症事例様式	感染対策委員会	2016年3月14日									
175	感染症対策に関する同意書	感染対策委員会	2016年3月9日									
176	結核健診お知らせ	感染対策委員会	2015年10月13日									
177	感染症小委員会議事録	感染対策委員会	2018年1月9日	○	○		○	○	○	○		
178	インフルエンザへの対応（職員用）	感染対策委員会	2017年2月8日									
179	外出外泊に関してのお願い	感染対策委員会	2012年12月29日									
180	石鹸で手を洗いましょう	感染対策委員会	2006年3月27日									
181	吐物処理の手順（ご家族向け簡易版）	感染対策委員会	2013年1月4日									
182	感染対策委員会議事録	感染対策委員会	2018年9月5日	○			○	○	○	○		
183	インフルエンザへの対応（職員用）	感染対策委員会	2013年1月18日									
184	ノロウイルスへの対応（職員用）	感染対策委員会	2013年1月4日									
185	栄養ケア計画書―高リスク（男性）	管理栄養士	2018年6月1日									
186	栄養ケア計画書―高リスク（女性）	管理栄養士	2018年6月1日									
187	低栄養リスク改善加算	管理栄養士	2018年6月1日									
188	低栄養リスク改善パス（入所（再入所）～6カ月）	管理栄養士	2018年6月1日									
189	栄養スクリーニング	管理栄養士	2018年6月1日									
190	再入所時栄養連携加算	管理栄養士	2018年6月16日									

この箇所は、施設側で更新するものです

文書管理番号	文書名	作成・更新主体	改定日	配布先 施設長	事務部長	議長	事務部門 管理部	相談部	サービス部門 看護部	介護部	リハ部	栄養部
191	食礼	給食委員会	2010年4月1日									
192	エネルギー制限が必要なご利用者様へ	給食委員会	2015年4月1日									
193	食事箋_補助食品	給食委員会	2015年4月1日									
194	東京都北多摩西部保健医療圏高齢者食形態基準(2012年版)栄養サマリー	給食委員会	2017年12月12日									
195	栄養ケア経過記録	給食委員会	2018年8月24日									
196	栄養ケア計画書	給食委員会	2018年9月18日									
197	栄養管理報告書(病院・介護施設等)	給食委員会	2018年6月1日									
198	職員昼食嗜好調査表	給食委員会	2013年4月1日									
199	食数表H30年7月分	給食委員会	2018年8月1日									
200	食種別一覧表	給食委員会	2018年9月26日									
201	体重測定　BMI	給食委員会	2018年9月10日									
202	H30年度棚卸表	給食委員会	2018年8月31日									
203	週間献立表	給食委員会	2018年9月25日									
204	職員昼食嗜好調査結果(立川介護老人保健施設わかば食事表200)	給食委員会	2018年9月1日									
205	選択おやつのお知らせ	給食委員会	2018年9月28日									
206	選択食のお知らせ	給食委員会	2018年9月13日									
207	平成30年臨地実習予定表	給食委員会	2018年8月1日									
208	給食委員会議事録	給食委員会	2018年9月5日									
209	行事報告書	行事担当者	2018年9月8日									
210	ケアプランの同意(サイン)の注意事項	ケアプラン委員会	2018年2月8日									
211	ケアプラン委員会議事録	ケアプラン委員会	2018年9月25日	○	○				○	○	○	
212	口腔ケア・マネジメント計画書	口腔衛生・栄養委員会	2018年8月17日									
213	口腔ケアセット一覧(事務所用)	口腔衛生・栄養委員会	2017年6月22日									
214	歯科(コンパスデンタルクリニック立川)往診マニュアル	口腔衛生・栄養委員会	2015年7月3日									
215	口腔衛生・栄養スクリーニング(エクセルVer.1.1)	口腔衛生・栄養委員会	2018年1月22日									
216	口腔ケアセットの提供方法について(フロア用)	口腔衛生・栄養委員会	2017年6月22日									
217	口腔衛生・栄養委員会	口腔衛生・栄養委員会	2018年9月25日	○	○		○		○	○	○	
218	サービス向上WG議事録	サービス向上WG	2018年9月25日									

この箇所は、施設側で更新するものです

文書管理番号	文書名	作成・更新主体	改定日	配布先 施設長	事務部長	議長	事務部門 管理部	相談部	サービス部門 看護部	介護部	リハ部	栄養部
219	利用判定会議録（ひながた）	支援相談員	2018年4月1日									
220	新規入所面談（家から）	支援相談員	2018年4月20日									
221	新規入所面談（病院から）	支援相談員	2018年5月10日									
222	R-4の介護保険入力	支援相談員	2018年8月1日									
223	老人保健施設入所中に医療機関で処方箋の発行を受けてしまった場合	支援相談員	2018年9月18日									
224	カルテの順番	支援相談員	2018年9月25日									
225	暫定プランテンプレ	支援相談員	2018年9月17日									
226	施設見学の可能な時間	支援相談員	2018年5月14日									
227	各事業所・各部署連絡票	支援相談員	2018年8月8日									
228	退所予定者 入所予定者 入院・退院表	支援相談員	2018年9月27日									
229	営業管理表（立川相互病院 ふれあい相互病院 昭島相互病院）	支援相談員	2018年6月20日									
230	施設申請状況	支援相談員	2018年9月27日									
231	自宅～病院・介護施設利用の流れ	支援相談員	2018年8月31日					○				
232	施設療養情報提供書	支援相談員	2016年4月23日									
233	持ち物チェック表	支援相談員	2014年3月3日									
234	相談課ミーティング	支援相談員	2018年8月30日									
235	相談記録	支援相談員	2016年3月25日									
236	待機者表	支援相談員	2018年9月27日									
237	退所時必要な書類作成について	支援相談員	2017年12月1日									
238	退所時指導書	支援相談員	2012年9月5日									
239	退所前連携情報提供書	支援相談員	2013年11月9日									
240	入所後訪問、1ヶ月面談日程確認票	支援相談員	2014年2月20日									
241	介護録 栄養スクリーニング 入所連絡票	支援相談員	2014年2月1日									
242	面接予定表	支援相談員	2018年9月21日									
243	療養型参考用	支援相談員	2010年9月16日									
244	他老健申し込み書類 受付申請状況	支援相談員	2017年3月24日									
245	利用料金表（入所サービス）	支援相談員	2018年6月25日									
246	ご相談からご利用までの流れ（通所）	支援相談員	2018年5月24日									
247	リハマネ加算	支援相談員	2016年2月17日									
248	立川介護老人保健施設（運営規定）	支援相談員	2018年4月1日									
249	利用申込書 入所 短期入所 利用確認書	支援相談員	2018年5月2日									
250	個人情報の利用目的（H25.6.1）	支援相談員	2018年4月1日									

この箇所は、施設側で更新するものです

文書管理番号	文書名	作成・更新主体	改定日	施設長	事務部長	議長	事務部門		サービス部門			
							管理部	相談部	看護部	介護部	リハ部	栄養部
251	医療法人社団東京石心会 立川介護老人保健施設わかば 短期入所療養介護(介護予防短期入所療養介護)利用約款	支援相談員	2018年 4 月 1 日									
252	転倒等の事故を防止するために	支援相談員	2018年 6 月11日									
253	日常生活動作(ADL)確認表	支援相談員	2018年 6 月11日									
254	入所が決まったら	支援相談員	2018年 5 月14日									
255	医療法人社団東京石心会 立川介護老人保健施設わかば 入所利用約款	支援相談員	2018年 4 月 1 日									
256	利用のご案内(入所)	支援相談員	2018年 3 月30日									
257	利用申込書(改)	支援相談員	2016年 2 月23日									
258	R4利用者基本情報	支援相談員	2018年 4 月 1 日									
259	フロア予定表	支援相談員	2018年 4 月 1 日									
260	フロア予定表記入例	支援相談員	2018年 4 月 1 日									
261	リハビリテーション実施計画書	支援相談員	2018年 4 月 1 日									
262	ケアプラン総合計画書	支援相談員	2018年 4 月 1 日									
263	判定会議録	支援相談員	2018年 4 月 1 日									
264	持参薬チェック(入所用)(ショート用)	支援相談員	2014年 5 月16日									
265	S・S/本入所 退所チェック表	支援相談員	2015年 4 月10日									
266	入所時準備書類(ショート環境整備)	支援相談員	2015年 4 月10日									
267	S・S/本入所 入所チェック表	支援相談員	2015年 4 月10日									
268	ショートステイケアプラン流れ	支援相談員	2018年 6 月 2 日									
269	ショートステイ新規面談	支援相談員	2018年 4 月20日									
270	新規通所の流れ	支援相談員	2018年 9 月15日									
271	通所サービス事前面接	支援相談員	2018年 5 月14日									
272	通所サービス終了の手続き	支援相談員	2018年 5 月17日									
273	ショートステイ利用者 書類チェック表	支援相談員	2018年 9 月 1 日									
274	診療情報提供書(通所リハビリテーション)	支援相談員	2018年 5 月26日									
275	通所用相談記録	支援相談員	2018年 6 月 1 日									
276	利用申込書 通所リハビリテーション	支援相談員	2016年 3 月14日									
277	ご相談からご利用までの流れ 通所版	支援相談員	2017年 8 月25日									
278	デイ1日の流れ原本	支援相談員	2015年 7 月 8 日									
279	利用申込書 入所 短期入所 利用確認書	支援相談員	2018年 4 月27日									
280	通所利用依頼票20161001	支援相談員	2015年 4 月 1 日									

この箇所は、施設側で更新するものです

文書管理番号	文書名	作成・更新主体	改定日	配布先 施設長	事務部長	議長	事務部門 管理部	相談部	看護部	介護部	リハ部	栄養部
281	Pm-SHELL分析シート	事故対策委員会	2017年9月19日									
282	Pm-SHELL観察視点	事故対策委員会	2017年9月19日									
283	分析シート	事故対策委員会	2017年5月18日									
284	センサーコールを外すステップ・センサーコール撤去確認表	事故対策委員会										
285	事故発生時の確認事項	事故対策委員会										
286	事故カンファレンス時、良くある間違い	事故対策委員会										
287	重大事故臨時カンファの進め方 ーH30年2月16日改定	事故対策委員会	2016年5月16日									
288	転倒事故発見時の対応フロー	事故対策委員会	2018年5月5日									
289	センサー使用基準について	事故対策委員会	2015年8月14日									
290	ケアプラン(R-4)作成マニュアル H30.8月Ver.(表紙)	事故対策委員会	2018年7月25日									
291	マニュアル目次	事故対策委員会	2018年5月19日									
292	ケアプラン見直し工程表	事故対策委員会	2018年5月5日									
293	資料2-1見直しで新しい書類を作る方法	事故対策委員会	2016年1月14日									
294	事故とヒヤリの考え方(新人研修まにゅある事故小2)	事故対策委員会	2017年4月5日									
295	見直し表 原本	事故対策委員会	2018年4月12日									
296	事故発生臨時委員会用様式(原本)	事故対策委員会	2015年8月28日									
297	わかばだよりについて(運用について)	事故対策委員会	2018年7月23日									
298	緊急やむを得ない身体拘束に関する説明書	事故対策委員会	2018年3月23日									
299	事故の定義	事故対策委員会	2015年1月22日									
300	事故防止小委員会議事録	事故対策委員会	2018年9月25日	○	○	○						
301	栄養スクリーニングについて	施設CM	2016年7月13日									
302	褥瘡対策に関するケア計画書(入所者)	施設CM	2018年6月16日									
303	褥瘡マネジメント加算	施設CM	2018年6月16日									
304	かかりつけ医連携薬剤調整加算	施設医	2018年6月16日									
305	排尿チェック票(立川介護老人保健施設わかば)	施設ケアマネジャー	2018年6月12日									
306	排泄支援加算票	施設ケアマネジャー	2018年7月2日									
307	排泄支援計画書	施設ケアマネジャー	2018年5月5日									
308	排泄支援加算	施設ケアマネジャー	2018年5月20日									
309	入退所管理票	事務員	2018年9月26日									
310	ボランティア予定表	事務員	2018年9月27日									
311	災害指示担当・リーダー 災害指示担当・入浴リーダー表	事務員	2018年9月27日									
312	立川介護老人保健施設わかば 小口現金照合票	事務員	2018年9月25日									
313	請求入力(入所・短期・通所)ピンク伝票	事務員	2018年7月21日									
314	預り書 受領書	事務員	2016年4月20日									
315	理美容のお知らせ(毎月第3水曜日)	事務員	2018年9月26日									

この箇所は、施設側で更新するものです

文書管理番号	文書名	作成・更新主体	改定日	配布先								
				施設長	事務部長	議長	事務部門		サービス部門			
							管理部	相談部	看護部	介護部	リハ部	栄養部
316	衛生材料棚卸一覧表（老健）	事務員	2018年9月24日									
317	10万円以下の学会及び研修参加許可願	主任	2018年6月1日									
318	10万円以下の物品購入許可願	主任	2018年6月1日									
319	押印申請書	主任・管理者	2018年6月1日									
320	仮払金精算明細書	主任・管理者	2018年6月1日									
321	主任会議議事録	主任会議	2018年9月12日									
322	褥瘡対策に関するケア計画書（入所者）	褥瘡対策委員会	2018年7月3日									
323	褥瘡評価用紙	褥瘡対策委員会	2018年5月11日									
324	危険度ランク別施設内マットレス表	褥瘡対策委員会	2018年5月7日									
325	褥瘡マネジメント加算	褥瘡対策委員会	2018年5月20日									
326	褥瘡対策に関するケア計画書（入所者）（判定チャートー危険因子ー同意欄）	褥瘡対策委員会	2018年7月16日									
327	褥瘡委員会より.	褥瘡対策委員会	2017年4月11日									
328	褥瘡対策委員会議事録	褥瘡対策委員会	2018年9月5日	○				○	○	○	○	
329	1.なぜ体位変換が必要なの？	褥瘡対策委員会	2004年1月1日									
330	立川介護老人保健施設わかば褥瘡対策指針	褥瘡対策委員会	2014年4月1日									
331	危険度ランク別施設内マットレス表	褥瘡対策委員会	2018年6月16日									
332	デイケアB3 1日の流れ	新人教育WG	2018年6月13日									
333	デイケアB2（リーダー）1日の流れ 早S	新人教育WG	2018年9月2日									
334	デイケアレクリエーション担当の方の1日の流れ	新人教育WG	2018年5月21日									
335	デイケア入浴リーダー1日の流れ	新人教育WG	2018年5月29日									
336	食事表	新人教育WG	2018年9月24日									
337	入浴誘導表（午前のみ）	新人教育WG										
338	排泄表（南）	新人教育WG	2018年9月29日									
339	デイ便り・議事録等分担表	新人教育WG	2017年5月1日									
340	感染性胃腸炎（ノロウイルス含む）・インフルエンザ等に関してのお願い	新人教育WG	2017年12月15日									

この箇所は、施設側で更新するものです

文書管理番号	文書名	作成・更新主体	改定日	配布先									
				施設長	事務部長	議長	事務部門		サービス部門				
							管理部	相談部	看護部	介護部	リハ部	栄養部	
341	通所わかば便りH30年10月号	新人教育WG	2018年10月 1 日										
342	入所時準備書類（ショートベッドネーム）	新人教育WG	2018年 4 月 1 日										
343	3階業務マニュアル（日勤）	新人教育WG	2018年 9 月28日										
344	3階業務マニュアル（夜勤）	新人教育WG	2018年 9 月27日										
345	オムツの仕分け	新人教育WG	2015年 8 月12日										
346	ゴミ集め	新人教育WG	2015年 8 月12日										
347	シーツ交換	新人教育WG	2016年 2 月22日										
348	リーダー業務（休憩後）	新人教育WG	2017年11月 6 日										
349	リーダー業務（午前）	新人教育WG	2017年11月 6 日										
350	リネン庫の掃除	新人教育WG	2015年 2 月19日										
351	リネン整理確認	新人教育WG	2015年 8 月12日										
352	汚物室の掃除	新人教育WG	2015年 2 月19日										
353	下洗い衣類干す	新人教育WG	2015年 8 月12日										
354	介護日誌	新人教育WG	2015年 8 月12日										
355	業者洗濯物配布	新人教育WG	2015年 8 月12日										
356	勤次郎	新人教育WG	2017年 1 月22日										
357	車椅子清掃	新人教育WG	2015年 7 月 5 日										
358	食堂の掃除	新人教育WG	2015年 2 月19日										
359	選択食の流れ	新人教育WG	2016年 7 月27日										
360	一日の流れ	新人教育WG	2018年 1 月 7 日										

この箇所は、施設側で更新するものです

文書管理番号	文書名	作成・更新主体	改定日	配布先								
				施設長	事務部長	議長	事務部門		サービス部門			
							管理部	相談部	看護部	介護部	リハ部	栄養部
361	入所前ベッドメーキング	新人教育WG	2016年 2 月22日									
362	入浴の流れ	新人教育WG	2017年11月 6 日									
363	夜勤業務	新人教育WG	2018年 1 月 7 日									
364	浴室使用マニュアル	新人教育WG	2016年 7 月31日									
365	浴室準備(写真のみ)	新人教育WG	2016年 7 月26日									
366	浴室片付け(写真のみ)	新人教育WG	2016年 6 月 8 日									
367	新規利用者の受け入れ準備の為の確認マニュアル	新人教育WG	2016年 3 月27日									
368	送迎マニュアル	新人教育WG	2009年10月15日									
369	忘れ物マニュアル	新人教育WG	2018年 9 月28日									
370	1週間の業務一覧表(日勤業務)	新人教育WG	2017年12月28日									
371	1週間の業務一覧表(夜勤業務)	新人教育WG	2017年12月28日									
372	食事席表	新人教育WG	2005年 4 月 1 日									
373	新人研修チェックリスト 3 〈業務関係〉	新人教育WG	2018年 7 月 4 日									
374	自己評価と今後の課題	新人教育WG	2015年11月18日									
375	新人研修指導日程表 見本	新人教育WG	2015年11月18日									
376	新人研修チェックリスト (新人研修表紙)	新人教育WG	2015年11月18日									
377	〈各種チェック項目〉 ★毎日の業務 ★曜日別業務	新人教育WG	2015年11月18日									
378	入所時情報収集項目	新人教育WG	2018年 9 月22日									
379	入所時のチェック表	新人教育WG	2017年 6 月20日									
380	夜間業務一覧表	新人教育WG	2017年12月 7 日									

この箇所は、施設側で更新するものです

文書管理番号	文書名	作成・更新主体	改定日	配布先 施設長	事務部長	議長	事務部門 管理部	相談部	サービス部門 看護部	介護部	リハ部	栄養部
381	臨時職員用利用者情報	新人教育WG	2005年 4 月18日									
382	投薬チェック表・クラブ・食事・バイタル表・選択おやつ表	新人教育WG	2005年 7 月16日									
383	事前面接調査表	新人教育WG	2005年 3 月29日									
384	送迎表	新人教育WG	2018年 8 月 1 日									
385	入浴表	新人教育WG	2018年 8 月19日									
386	排泄表 月〜土	新人教育WG	2015年12月18日									
387	毎月事業所FAXコメント用紙	新人教育WG	2015年 4 月 1 日									
388	平成30年度 体重表（毎月月初め）	新人教育WG	2018年 1 月 1 日									
389	ケアチェック一覧表	新人教育WG	2018年 9 月16日									
390	ケチェック他一体表	新人教育WG	2018年 9 月16日									
391	毎週木曜日にポータブルトイレを洗浄する表	新人教育WG	2015年 7 月 5 日									
392	マットレス管理表	新人教育WG	2005年 4 月18日									
393	下洗い確認表	新人教育WG	2015年 3 月20日									
394	研修参加表	新人教育WG	2015年 3 月20日									
395	車椅子掃除・点検分担表	新人教育WG	2015年 7 月 5 日									
396	食事・緊急時チェック表	新人教育WG	2018年 9 月29日									
397	選択食表	新人教育WG										
398	体重測定表	新人教育WG	2018年 9 月26日									
399	3階利用者担当表	新人教育WG	2018年 9 月28日									
400	爪切りチェック表	新人教育WG	2015年 9 月 6 日									

この箇所は、施設側で更新するものです

文書管理番号	文書名	作成・更新主体	改定日	配布先								
				施設長	事務部長	議長	事務部門		サービス部門			
							管理部	相談部	看護部	介護部	リハ部	栄養部
401	入浴誘導表（午前・午後）	新人教育WG	2015年 4 月 2 日									
402	排泄表（北）	新人教育WG	2018年 9 月27日									
403	排泄表 もも・ききょう・すずらん	新人教育WG	2018年 9 月24日									
404	2階の概要	新人教育WG	2016年 7 月13日									
405	クラブ活動について	新人教育WG	2016年 5 月 1 日									
406	カンファレンス予定表	新人教育WG	2018年 9 月10日									
407	送迎車座席表（1,3,5号車）	新人教育WG	2017年 2 月11日									
408	おおまかな一日の流れ	新人教育WG	2015年 7 月 2 日									
409	新人オリエンテーション（2階用）	新人教育WG	2018年 6 月 1 日									
410	案内図	新人教育WG	2018年 6 月 5 日									
411	3階クラブ予定表	新人教育WG	2017年 4 月 1 日									
412	ST預かり表	新人教育WG	2017年12月 7 日									
413	ケアプランサイン表	新人教育WG	2016年 9 月 4 日									
414	ケアプラン確認依頼表	新人教育WG	2018年 8 月 3 日									
415	〈入所〉サマリーチェック	新人教育WG	2015年 2 月22日									
416	シーツ交換表	新人教育WG	2016年10月 3 日									
417	わかばだより	新人教育WG	2018年 9 月 1 日									
418	2階委員会メンバー	新人教育WG	2018年 4 月 1 日									
419	一週間の流れ	新人教育WG	2018年 8 月16日									
420	居室移動表・転フロア予定表	新人教育WG	2018年 4 月 1 日									

この箇所は、施設側で更新するものです

文書管理番号	文書名	作成・更新主体	改定日	配布先 施設長	事務部長	議長	事務部門 管理部	相談部	サービス部門 看護部	介護部	リハ部	栄養部
421	居室図	新人教育WG	2018年 4 月 1 日									
422	業者洗濯表	新人教育WG	2018年 9 月28日									
423	日勤帯業務一覧表	新人教育WG	2018年 4 月 1 日									
424	行事担当表	新人教育WG	2018年 4 月 1 日									
425	2階 委員会・係 一覧表	新人教育WG	2018年 4 月 1 日									
426	〈予定表〉受診・外出・外泊	新人教育WG	2018年 4 月 1 日									
427	2階利用者担当表	新人教育WG	2018年 4 月 1 日									
428	窓開け時間	新人教育WG	2011年 1 月29日									
429	大掃除チェック表	新人教育WG	2017年11月 1 日									
430	注意者リスト	新人教育WG	2018年 4 月 1 日									
431	注意者一覧表	新人教育WG	2018年 4 月 1 日									
432	一週間の流れ／一日の流れ	新人教育WG	2018年 4 月 1 日									
433	立川介護老人保健施設わかば 2階入所時説明書	新人教育WG	2018年 4 月 1 日									
434	入所時準備書類 （本入所ベッドネーム）	新人教育WG	2018年 4 月 1 日									
435	〈次回 入浴準備不足衣類表〉	新人教育WG	2018年 4 月 1 日									
436	入浴段ボール倉庫用	新人教育WG	2018年 4 月 1 日									
437	年末年始外出・外泊予定表	新人教育WG	2017年11月30日									
438	夜間のPHS ポスター	新人教育WG	2018年 9 月 1 日									
439	身体拘束防止委員会	身体拘束防止 委員会	2018年 5 月21日									
440	相談課長 渉外カレンダー	相談課長	2018年 5 月 1 日									

この箇所は、施設側で更新するものです

文書管理番号	文書名	作成・更新主体	改定日	配布先 施設長	事務部長	議長	事務部門 管理部	相談部	サービス部門 看護部	介護部	リハ部	栄養部
441	ボランティアのしおり	立川老人保健施設わかば●●	2004年5月6日									
442	経費精算申請書	担当職員	2018年6月1日									
443	仮払金支払請求書	担当職員	2018年7月4日									
444	器物破損届	担当職員	2018年6月1日									
445	経費精算申請書：記入例	担当職員	2018年6月1日									
446	経費精算申請書	担当職員	2018年6月1日									
447	研修・出張・許可願	担当職員	2018年6月1日									
448	研修報告書	担当職員	2018年6月1日									
449	行事企画書	担当職員	2018年6月1日									
450	行事報告書	担当職員	2018年6月1日									
451	通常外勤務申請書	担当職員	2018年7月1日									
452	修理願	担当職員	2018年6月1日									
453	今月の予定(わかばだより原本)	デイ・2F・3F	2018年7月23日									
454	デイ会議	デイケア会議	2018年7月30日									
455	30年6月1日から使用する書式一式です	東京石心会立川事業所	2018年5月25日									
456	無収入届	東京石心会立川事業所	2018年1月1日									
457	利用者窓口入金日計表・現金照合表	東京石心会立川事業所	2018年9月27日									
458	パンフレット見直しWG議事録	パンフレット見直しWG	2018年9月25日	○		○						
459	2階フロアミーティング議事録	フロアミーティング議事録	2018年9月25日									
460	ボランティア活動委員会議事録	ボランティア活動委員会	2018年9月25日	○	○	○						
461	デイケアリハマネ加算Ⅱの算定の流れ	リハ主任	2016年2月16日									
462	デイケア新規利用の流れ	リハ主任	2018年9月15日									
463	デイケア認知症短期集中リハ加算算定の流れ	リハ主任	2017年4月14日									
464	新規ショートステイ利用者利用開始日の流れ	リハ主任										
465	デイケアファイルの綴じ方	リハ主任	2015年6月30日									
466	デイケア認知症短期集中リハ加算算定要件	リハ主任	2015年7月1日									
467	デイ改訂版！！個別サービス計画書 注意書きつき	リハ主任	2011年5月26日									
468	デイ実績管理	リハ主任	2018年9月19日									
469	リハビリテーション科施術以外のルール	リハ主任	2018年9月28日									

この箇所は、施設側で更新するものです

文書管理番号	文書名	作成・更新主体	改定日	配布先									
				施設長	事務部長	議長	事務部門		サービス部門				
							管理部	相談部	看護部	介護部	リハ部	栄養部	
470	リハビリテーション開始までの流れ	リハ主任	2018年 9 月18日										
471	入所決定から 1 ヶ月面談までの流れ	リハ主任	2015年 6 月29日										
472	入所前後訪問指導加算算定における注意点	リハ主任	2016年11月14日										
473	リハビリ予定自動作成時のお願い	リハ主任	2015年 6 月23日										
474	勤次郎における注意点	リハ主任	2016年 9 月15日										
475	1 ヶ月面談の流れ（再確認）	リハ主任	2016年10月28日										
476	入所者の記録実績管理について	リハ副主任	2018年 9 月28日										
477	リハビリテーション課 合同ミーティング議事録	リハ副主任	2018年 9 月26日										
478	リハ課主任ミーティング議事録	リハ副主任	2018年 9 月19日										
479	老健リハビリテーション課 ミーティング議事録	リハ副主任	2018年 9 月 5 日										
480	ショートステイの記録実績管理について	リハ副主任	2018年 6 月30日										
481	私物（電気製品他）持込届／使用中止・引き下げ届	利用者・家族	2018年 6 月 1 日										
482	面会票	利用者・家族	2018年 9 月27日										
483	理美容室使用手順・届出書	利用者・家族	2018年 6 月 1 日										
484	提出物一覧	地域ケアコーディネーター	2015年12月 1 日										
485	入職時必要書類	地域ケアコーディネーター	2018年 4 月 1 日										
486	不採用通知文書 辞退	地域ケアコーディネーター	2018年 8 月10日										
487	選考結果のお知らせ	地域ケアコーディネーター	2018年 9 月10日										
488	30年6月1日から使用する書式 一式です	地域ケアコーディネーター	2018年 5 月25日										
489	平成30年5月以降の 給与明細書について	地域ケアコーディネーター	2018年 5 月14日										
490	受診同行マニュアル	地域ケアコーディネーター	2018年 7 月 5 日										
491	老健施設内組織図／運営基準上の委員会／委員会・会議等／予算方針（案）／人事評価 在宅復帰強化型の体制へ向けて	地域ケアコーディネーター	2018年 4 月16日										
492	雇用契約書（正職員・介護）	地域ケアコーディネーター	2018年 4 月16日										
493	雇用契約書（正職員・看護）	地域ケアコーディネーター	2018年 4 月16日										
494	雇用契約書（非常勤・リハ）	地域ケアコーディネーター	2018年 4 月16日										
495	雇用契約書（非常勤・介護補助）	地域ケアコーディネーター	2018年 4 月16日										
496	平成30年度上半期人材評価について	地域ケアコーディネーター	2018年 9 月28日										
497	業務委託契約書：薬局	地域ケアコーディネーター	2018年 7 月 1 日										
498	委託契約書：食事サービス	地域ケアコーディネーター	2011年 3 月31日										

この箇所は、施設側で更新するものです